PARENTS ARE THE BEST TOYS FOR CHILDREN

父母是孩子最好的玩具

高山　编著

吉林文史出版社
JILINWENSHICHUBANSHE

图书在版编目（CIP）数据

父母是孩子最好的玩具 / 高山编著 . -- 长春：吉
林文史出版社，2019.6（2021.3 重印）

ISBN 978-7-5472-6131-6

Ⅰ . ①父… Ⅱ . ①高… Ⅲ . ①儿童教育－家庭教育
Ⅳ . ① G782

中国版本图书馆 CIP 数据核字（2019）第 078527 号

书　　名	FUMU SHI HAIZI ZUIHAODE WANJU **父母是孩子最好的玩具**
编　　著	高　山
责任编辑	高冰若
封面设计	尚世视觉
出版发行	吉林文史出版社
地　　址	长春市福祉大路出版集团 A 座　　邮编：130118
网　　址	www.jlws.com.cn
印　　刷	晟德（天津）印刷有限公司
开　　本	880mm×1230mm　1/32
印　　张	7.5
字　　数	150 千
版　　次	2019 年 6 月第 1 版　2021 年 3 月第 3 次印刷
书　　号	ISBN 978-7-5472-6131-6
定　　价	35.00 元

　　世上唯有"父母"这个职业不需要考取上岗证书，然而养育孩子却是天下最难的事情，如果不学习，不知道做父母的会在孩子成长的过程中做出多少"错误"的事情。孩子是上天赐予父母的礼物，也是上天给父母的重大考验。在这个过程中，父母看到了孩子的成长，也见证了自己的第二次人生。

　　随着孩子的长大，你养育孩子的方法会积累得越来越多，你会看着孩子一天天健康成长。与此同时，你在心里不断地告诉自己："必须马不停蹄地学习，才能跟得上孩子成长的步伐，才能少做不利于孩子成长的错事，才不会成为孩子成长过程中的'天花板'。"

　　教育孩子本就是一件困难的事情，在这个过程中，父母必须不断学习。教养孩子，需要父母深度陪伴。深度陪伴更多的要求是来自内心的陪伴，花费时间不过是为了让你的陪伴更有意义，但最重要的以及能够打开孩子心门的，是你花费了多少心思。父母有时候会发现，自己明明陪着孩子玩耍，但孩子似乎并不愿意，不是因为父母不够好，而是因为父母忽略了孩子的内心世界。所以要学会走进孩子的内心世界，和他们交朋友，和他们成为同龄人，这样你就能站在他们的角度去看问题，从而懂得理解。

很多家庭都很注重家教，这是没错的。父母作为孩子的第一任老师，对孩子的成长有着至关重要的影响，好的家教可以在孩子的身上看出来。家教是家庭教育，是需要父母参与的一场对孩子成长十分重要的教育。在家庭中，父母对教育孩子一定会有自己的心得。先不管过程和方法如何，但是父母的目的是一样的，都是为了让孩子拥有更为美好的人生，也想让孩子成为更为优秀的人。父母认为自己的方法是有效的，但是只有等到孩子长大之后，你才能在孩子的身上看到成效。那一刻你也许会发现，曾经以为正确的方式也许有着很多问题。但是时间不能倒流，孩子不能重新成长，所以父母要做的是尽量减少犯错。

教育孩子是父母必经的人生历程，也是孩子的成长历程，孩子在这个过程中长大，父母也在这个过程中不断成长。教育好孩子，绝对不是靠粗暴的行为，不是靠吼叫，这些强硬的手段也许能够暂时看见效果，但是对孩子的长远成长是不利的。等到孩子长大，他们甚至不会感激你，对你只有批判。孩子是父母带来世界上的，但是他们是独立的个体，父母可以帮助他们走一段路，可是未来的路还是要靠他们自己走下去。父母要学会管教孩子，而不是打骂孩子。

直到今天，很多父母依旧觉得孩子是自己的，所以一定要听从自己的话。这种模式教育出来的孩子，他们的身上会有很强的自卑感，因为他们的意见得不到尊重，他们的想法不被理解。他们身上缺乏自立、自信等宝贵品质。好的教育一定是在平等沟通的基础上进行的，父母要学会尊重孩子的想法，感受孩子的心情。父母要把自己放在孩子的角度上来说话，这样才能做到真正的沟通。要知道，沟通才是教育孩子的正确途径，只有有效的沟通才能教育出好孩子。

爱孩子，不能打骂，要学会沟通，但是也要让孩子懂得规则。父母要学会的是教育孩子，而不是一味地宠爱孩子。现实和社会都是要孩子自己摸索的，在这个过程中，父母一定要让孩子学会遵守社会法则。无规矩不成方圆，家里要有规矩，孩子需要遵守，这样才能让孩子更健康地成长。遵守规则，孩子才能有序成长，不会陷入深渊。爱和规则同行，才能让孩子成为一个受欢迎的、优秀的人。

陪伴孩子成长的道路是漫长的，但也是短暂的，因为父母能够陪着孩子成长的时间是有限的。孩子会长大，他们会见识到更为广阔的世界，他们要独立成人，他们会读书、工作、成家、立业……抓住孩子成长的关键期，给孩子最合适的教育，是所有父母的必修课。但是孩子各有不同，家庭情况各有千秋，很多父母在这方面都感到十分头疼。本书收集了大量真实的教育案例，结合通俗易懂的理论知识，旨在帮助父母了解教育孩子的准则和规律。翻开本书，相信各位父母都会受益匪浅。

第一章

教养孩子，父母要做到深度陪伴 // 1

深度陪伴，能治愈一切的亲子问题 // 3

父母再忙，也要抽出时间陪孩子 // 6

陪伴的安全感，其实是在相互给予 // 10

用心去经营亲情 // 14

无论去哪里谋生，都一定要带着孩子 // 17

家就是"我们始终在一起" // 21

第二章

读懂孩子，打开孩子内心世界的大门 // 25

读懂孩子的心，让管教更有效 // 27

男孩女孩的世界，需要正确的打开 // 31

不要忽视孩子的情绪 // 35

尊重，让孩子的内心更加强大 // 39

越是禁止，孩子越要去做 // 43

孩子越是失望，自控越是差劲 // 47

孩子磨蹭，因为你一直催催催 // 50

有安全感的孩子，一生都有幸福感 // 54

第三章

最好的家教，是把家庭变成一所"游乐场" // 59

为人父母，本就是一场有趣的玩耍 // 61

自由发展的孩子才能更"自觉" // 64

用心呵护孩子的提问能力 // 67

懂玩耍的孩子才是真学霸 // 70

学习是对这世界感兴趣 // 73

千万不要小看了动画片 // 77

陪伴孩子进行有趣的晚上生活 // 80

阅读本该随意 // 84

第四章

拒绝粗暴，"狼爸虎妈"不等于好父母 // 89

教育孩子只能说服，不能"压服" // 91

总吼孩子是一种病，得治 // 95

讽刺挖苦要比打骂后果更严重 // 99

"爆炸"边缘，不如转移视线 // 102

不用命令孩子 // 105

孩子不需要成为你心中的样子 // 108

"我是你爸妈"，并不是圣旨 // 112

第五章

沟通有道，站在孩子的角度来说话 // 115

每个孩子都需要"非暴力沟通" // 117

批评之前，提醒自己冲动是魔鬼 // 121

就事论事，千万不能借题发挥 // 124

不明说，巧暗示 // 127

告诉孩子可以有情绪低落的时候 // 131

大人说话，孩子也有权利发表意见 // 134

第六章

巧花心思，利用一切时间提升幸福感 // 139

珍惜早晨的"黄金半小时" // 141

下班之后"水晶一小时"的利用 // 144

晚饭后的"钻石两小时" // 148

重视碎片的"珍珠时间" // 151

周末节假日的深度陪伴 // 154

让孩子慢慢成长 // 158

放低期望，降低要求 // 161

给足空间，让孩子自由独立地成长 // 165

第七章

爱与规矩，让孩子成为受欢迎的人 // 169

要学会教育你的孩子 // 171

孩子太懂事，并非是好事 // 175

不要让孩子成为讨厌鬼 // 179

爱没有规矩，就会变成一把伤人的刀 // 182

讲道理，不如论实际 // 186

爱发脾气的孩子，从父母身上找原因 // 189

孩子不合作，要努力去搞定 // 192

第八章

一起成长，孩子的成长即父母的修行 // 195

陪孩子成长，进入第二次人生 // 197

父母优秀，孩子自会精彩 // 200

父母的眼光与勇气影响孩子的一生 // 204

母亲的素养，影响孩子一生的成长 // 208

做父母的黄金期，只有10年 // 211

伤害孩子的面子，其实是在伤害孩子 // 214

一个叫作父亲的"奢侈品" // 217

真正的教育就是"拼爹拼妈" // 220

教养孩子，父母要做到
深度陪伴

教育孩子需要深度陪伴，深度陪伴更多要求的是内心的陪伴，而不仅仅是和孩子待在一个空间里，只有真正的交心才是亲子之间的陪伴。父母有时候会发现，自己明明陪着孩子玩耍，但孩子似乎并不愿意，这不是因为孩子不喜欢父母、排斥父母，而是因为父母忽略了一件最为重要的事情，那就是孩子的内心世界。

深度陪伴，能治愈一切的亲子问题

深度陪伴是父母对孩子的时间花费和精力花费，是父母在日常生活中所付出的心血。深度陪伴在今天看来能够很好地解决亲子问题，因为在这样的陪伴中，父母和孩子之间的问题都可以显露出来，父母可以学会改变自己的态度，孩子也可以在陪伴期间学会成长。

父母和孩子的交流，能够让孩子更加健康地成长，也能让孩子在生活中变得更加积极向上。因为在父母和孩子的共同活动中，孩子能更多地从父母身上看到优点，在孩子的世界中，父母就是自己的榜样，而这份榜样的力量在生活中尤为明显。我们会发现，学校中那些各方面都很优秀或者均衡发展的孩子，他们的家庭大多都是幸福的。他们的父母也许赚得不多，但从来不会缺席孩子的成长阶段，他们会鼓励孩子接触新事物，帮助孩子克服困难，并且经常和孩子交流心得。

悠悠上幼儿园的时候，妈妈有一次去参加她的家长会，在和老师单独交流的环节，老师对悠悠妈妈说："悠悠有点胆小，上课发言也不主动，不容易融入集体中。"然后老师略带审视地看着悠悠妈妈说："是不是您的工作太忙了，没有很多时间陪她？"老师说前面那些话时，悠悠妈妈还有点习惯性地在老师面前附和，不断地给老师赔笑，然后请求老师多多照顾悠悠。等到老师说出后面那些话时，悠悠妈妈就没法认同了。由于悠悠妈妈的工作时间比较自由，加上本来性格就比较宅，社交活动极少，所以反驳道："除了全职妈妈，我算得上是陪娃比较多的那一类了。"

老师似乎看出了什么，她温和地笑了一下，说："陪伴是个复杂的概念，并不是您在她身边就是陪伴，更重要的是，您要懂得她在想什么，需要什么，参与到她的成长中去，才是有效陪伴。"老师这么一说，悠悠妈妈就想起了自己和孩子相处的时光：许多个夜晚，悠悠在自己身边翻滚，或是看电视，或是玩游戏，妈妈则永远将手机握在手里，刷微博、刷朋友圈。有些时候最多和悠悠说一句："你最好看看书，别看那么多电视哦！"用老师刚才说的标准来看，真的不算是有效陪伴。

这样的事情在生活中很常见，许多父母认为自己和孩子相处的时间很长，甚至有的妈妈是全职妈妈，一天到晚就是在家里照顾家庭和孩子，但是这样的陪伴真的是深度陪伴吗？深度陪伴需要的不仅仅是时间，更多需要的是沟通，这种沟通不是孩子写作业时你的指责，不是孩子顽皮时你跟在他后面不断唠叨，不是孩子无聊的时候你随口一句"去找同学玩"，而是你要花心思和孩子相处，和孩子多进行一些"走心"的对话。

孩子会闹情绪，很多时候是可以预见的。当孩子闹情绪的时候，考验的是父母的处理方式。处理好了，孩子会更加亲近父母，处理不好，他们心中就会和父母产生隔阂。

有一次，张阿姨带着自己上幼儿园的女儿妞妞来同事王阿姨家里做客，王阿姨家里有一个和妞妞年龄差不多大的男孩，名叫建强。因为是同龄人，所以两个小朋友玩得还算开心，两个妈妈则在客厅里讨论着孩子的问题，有说有笑。等到张阿姨要走的时候，建强和妞妞那边突然闹了起来。原来，妞妞想要建强的一个恐龙玩偶，但是建强死活不撒手。建强抬着头，看着妈妈，眼睛里噙着泪水。王阿姨知道这个玩偶对孩子很重要，因为孩子每天晚上都要抱着这个玩偶睡觉，即便回奶奶家，也要抱着回去。于是王阿姨蹲下来，对妞妞说："这个玩偶对建强来说很重要，明天阿姨送你一个新的好不好？"可是王阿姨的话刚说完，张阿姨就上前大力地把妞妞的手掰开，拉着孩子走了。

王阿姨有些无奈，但还是先安抚了一下建强。建强说："我不是小气，可是这个娃娃对我真的很重要。"王阿姨笑着对建强说："妈妈知道建强的意思，妈妈会保护建强每一个重要的东西。"建强笑着抱住了妈妈。后来，王阿姨向张阿姨要地址，准备送一只玩偶过去，结果发现自己的微信被对方拉黑了，虽然有些生气，但是她不后悔。

案例中王阿姨对建强的维护，更多的是对孩子的理解，不想因为其他人让孩子和自己产生隔阂。由此可见，王阿姨平时一定重视对孩子的深度陪伴，否则她就可能无法理解建强"小气"的行为。真正的陪伴是需要一点儿代入感的，设身处地地把自己当成一个和孩子同龄甚至更小的孩子，感受孩子的喜怒哀乐。有些时候还需要动用一点儿记忆力，回想当初自己那些不能言说的想法。除此之外更需要的还有耐心，耐心地等待孩子讲述，从容地走进孩子的内心，不急不躁。

父母都不想让自己孩子的人生有所遗憾，所以在孩子成长过程中一定要深度陪伴。通过自己的方式和孩子交朋友，让自己变成孩子的同龄人、朋友和同盟，成为他翻越人生路途上各种高山大河的伙伴。父母不妨把自己再次当成一个孩子，把自己"变小"的陪伴，才是诚恳和有效的陪伴。

父母再忙，也要抽出时间陪孩子

现代社会，陪伴已经成为一个难题。因为父母的工作基本都很忙，很少能抽出大量的时间来陪伴孩子。在缺少陪伴的日子里，孩子一样在迅速成长，等孩子长大了，你开始觉得孩子和你的话变少了，你甚至很少能够见到孩子了，这个时候你才发现原来自己已经和孩子有这么多的隔阂了。

调查显示，50% 的爸爸每周陪孩子平均不足 5 小时，每天跟孩子有效的沟通时间不超过 6 分钟。研究表明：在学龄前、童年期、青春期等孩子成长的不同阶段，需要不同的沟通与陪伴，父亲母亲都不能缺位，否则将不利于其人格的形成与完善。"我很忙"这三个字经常出现在一些父母的口中，每当孩子说："陪我玩儿一会儿好吗？"父母总是回答："我哪有工夫陪你玩儿。"由于工作压力大或者生活观念不同，一些父母将抚养、陪伴孩子的责任移交给爷爷奶奶等第三方。还常有父母说："我不懂怎么教孩子。"于是把孩子送到社会办学机构，以为"投钱"就可以弥补自己的缺位。当然还有一些父母有时间陪孩子，但他们的陪伴只是"陪"在孩子身边，并没有用心去关注和参与孩子的活动。事实上，亲子陪伴的价值远远超过任何教育培训。对待孩子，仅有物质关怀是不够的，父母再忙，也应该抽出时间和孩子交流，理解孩子、关心孩子。

社会压力大，每个家庭成员都在为了未来奋斗，但并不是所有父母都忙得脚不沾地。很多时候你认为你在忙，实际上不过是懒得抽出时间陪伴孩子。你认为陪伴孩子是一种负担，你开始想要把陪伴孩子的"任务"交给另一半或者学校。没有父母是一天二十四小时都在工作的，你下班回家后，大多数时间都在玩手机，或者做些别的什么自己感兴趣的事情。这些时间，你也称之为"忙"。

陪伴孩子的关键词包括互动、尊重、对话和理解。亲子陪伴是世界上最重要的事，而大多数父母却说没时间。《穷爸爸富爸爸》一书里有这样一句话："所谓成功，就是有时间照顾自己的孩子。"

第一次当选总统时，奥巴马说竞选中有一件事让他很自豪，在长达21个月的选战中，他没有错过一次孩子的家长会。他的夫人米歇尔在一次演讲中谈到她做总统的丈夫，说他至今仍然每晚和女儿一起吃晚餐，并耐心地解答她们的问题，为她们在学校交朋友的事出谋划策。

在一次与哈佛大学心理学系教授吉尔博特聊天时，杨澜问他手里需要处理的事情太多，经常分不清主次该怎么办？吉尔博特回答道："十年以后，你不会因为今天少做一个项目而感到遗憾，但你却会因为没有能多陪伴孩子一小时而感到后悔。"

对比这些大人物，普通的父母似乎没有借口说自己很忙、责任很大、没有时间陪伴孩子。因为总有人比你忙，但是他们也会抽出时间来陪伴孩子。陪伴孩子是一件大事，因为你的工作可以再来一次，但是你没有任何机会去选择时间，一旦你错过了陪伴孩子的时机，就再也没有机会去做这件事了。即便你抽出时间来陪孩子，也不一定是真正的陪伴，你在孩子身上花费的时间是和你所用的心思成正比的。许多父母觉得我花费了很多的时间来陪伴孩子，但是孩子依旧不想和我沟通，其实这只是你的自以为是。你花费的时间和真正陪伴是有质的区别的，有一种失陪叫作隐性失陪。

隐性失陪是指家长有足够的时间陪伴子女，但因为缺乏有效沟通，从而造成精神上的失陪。具体表现是亲情淡漠、缺乏信任、难以沟通。长期隐性失陪的儿童容易出现性格孤僻、暴躁易怒、交流障碍等现象。

云翔上小学时，爸爸从一年级开始就每天陪孩子写作业，周末还要陪着孩子去上课，反正每天的空余时间基本都花费在了孩子身上。云翔在小升初的考试中也不负众望，考上了市里的重点初中。对此，家里人很是开心。爸爸认为自己这些年的陪伴都没有白白付出，下定决心要继续陪伴孩子三年，让孩子上一个重点高中。但是在一次家长会上，云翔的班主任告诉云翔爸爸，云翔已经旷课好几天了。云翔爸爸有些不可思议，因为云翔从小乖巧懂事，怎么会旷课呢。等到晚上的时候，云翔爸爸在沙发上等儿子，云翔回来后，爸爸厉声问他这几天都在干吗，云翔满不在乎地说："网吧打游戏。"云翔爸爸怒不可遏，十几年第一次打了孩子。最后在妻子的劝说下才回了房间。

事后还是云翔的妈妈联系了班主任，让班主任帮忙沟通下，云翔爸爸从班主任口中得知了孩子这样做的原因：原来云翔爸爸从来不关注孩子的心思，在云翔看来，爸爸虽然每天陪着自己，但是都是为了看自己写作业，就像监督一样。不管自己进步多大，爸爸总是说自己不够努力。每天回家都要问学习情况，却从来不关注自己的乐趣。不陪自己玩耍，也不知道自己喜欢什么，最后造成了父子之间的隔阂，爸爸的陪伴让云翔感到压力很大。

这样的情况在一些家庭中也会出现，父母自己以为每天都在陪伴孩子，殊不知这样的陪伴还不如不陪伴。你不和孩子沟通，不去理解他们的世界和想法，而是按照自己的主意来告诉孩子要去做什么，从来不去管孩子自己想要做什么。你忙得不可开交，抽出时间来陪伴孩子，却不是真正意义上的陪伴。

最好的陪伴是心灵陪伴，父母和孩子之间要建立以感情紧密联结为基础的良好关系。通过真正的、内心真实的感受来交流与沟通，传递爱、信任和安全感，促进相互了解、关爱和信任。在孩子成长的过程中，父母与孩子建立亲密关系，心灵陪伴传递给孩子的爱和信任将会影响孩子一生。请在忙碌中抽出一点儿时间用心去陪伴孩子，和他交心、谈话，说学校的趣事，说他们的苦恼，和他们成为朋友。

陪伴的安全感，其实是在相互给予

陪伴是相互的，父母在陪伴孩子，孩子也在陪伴父母。在这个过程中，双方因为彼此而产生勇气。就像一个人的时候不敢走夜路，但是多了一个人就敢于走下去。陪伴的安全感，就是在陪伴的过程中相互给予。

陪伴给孩子带来的安全感和幸福感是能看在眼里的，因为越是年纪小的孩子，他们对父母的依赖性就越强。孩子需要在父母身上找到安全感，当父母不在家的时候，孩子会哭闹，因为没有人给他们回应。但是当父母来陪他们的时候，他们便会停止哭闹，身心的安全让他们找到了慰藉。最简单的事情就是一家人围在一起吃饭，这也是家庭关系和睦的表现，是增进亲子感情的最好方法。有一位教育专家曾说："最好的家庭教育就是全家人坐在一起，吃很多顿饭。"的确，全家团聚在饭桌旁，吃上一餐香喷喷的饭菜，温饱食欲的同时，也是家庭成员见证彼此存在的证明。这会让孩子提升对亲情的感知，产生浓厚的安全感。

孩子安全感缺失的时候，他们的第一反应就是寻找自己的父母，当他们向你投来寻求帮助的目光时，你应给予的是对他们的回应。但是往往这个时候，一些父母会不在孩子身边，所以孩子只能在惊慌失措中寻找解决途径，最终不得其法。因此，不管孩子面对什么样的困难，对父母来说，唯一能做的就是站在孩子背后，让他们转身的时候能看到你的身影，然后给他们勇气，让他们继续往前走。

周末，琪琪跟着爸爸妈妈去儿童乐园，琪琪一向胆小，爸爸妈妈为了锻炼琪琪的胆子，经常让琪琪自己做一些游戏。琪琪虽然不太情愿，但是爸爸妈妈的鼓励让琪琪每次都会去尝试一下。在一个儿童独自探索的区域内，爸爸给琪琪买了门票，琪琪抱着妈妈的脖子不想下地。妈妈安慰道："琪琪是最勇敢的孩子，你看，上面的小朋友都在玩儿，琪琪不想去看看吗？"挣扎了几分钟后，琪琪还是在工作人员的帮助下穿上了安全衣，系上了安全绳索，走上了楼梯。高处的独木桥没有扶手，只能凭自身的平衡感过去，很多小朋友都不敢去。虽然下面有安全网，加上身上又有安全绳，但是依旧难住了很多孩子。琪琪准备绕过去的时候，爸爸在下面喊道："宝贝，你是最棒的。"爸爸的叫喊声吸引了很多目光，琪琪在上面也被小朋友注视着，那一刻琪琪突然鼓起勇气，抬脚登上了第一个台阶。

琪琪紧紧抓着背后的安全绳，慢慢地走了过去。背后传来了小朋友的惊呼声，然后就是掌声。琪琪站在对面的安全台上，朝着下面的爸爸妈妈笑得很开心。回家的路上，琪琪一直在说自己当时的想法，不断地重复着一句话："我觉得爸爸妈妈在下面，一定会保护我。"

孩子的世界很简单，他们相信父母会保护自己，所以只要有父母在，就能放心大胆地去做，因为他们在心底找到了父母给予的安全感。因为年龄和见识的原因，孩子无条件地相信父母能够保护自己，这份安全感对孩子来说是无比重要的，孩子在认知世界的过程中时刻都在学习，他们对外界感到新奇而又敏感，快乐和伤害会同时存在。每个人对新事物都有着戒备心理，孩子的防御心也不弱，所以他们才会时刻寻找安全感。对孩子来说，最好的安全感来源于生活中的点点滴滴，日常积累的安全感能够成为安全墙，当孩子在外界受到伤害的时候，安全墙会给孩子足够的保护力量。

父母不管是在生活还是社会经验上，都能给孩子足够的安全感，不管是在物质上还是精神上，都能让孩子体会到安全感。孩子一样会给父母安全感，这个安全感来自精神上。孩子虽然小，但是他们的出生代表着家庭的希望，代表着未来的生活，是父母生命的延续和希望的寄托，很多时候我们会听到这样一句话：孩子还在，一切都可以重新开始。还记得之前的一则新闻，在当年的汶川地震中，远在外地的父亲赶回家里时，家里的一切都已经成了废墟，身边的人都被这场自然灾害带走了，但是不幸中的万幸是，他的女儿幸存了下来。父亲抱着女儿的时候说了一句话："我又有家了。"孩子在这个时候就是父亲的精神支柱，是这位父亲最后的安全感，是他在巨大的悲伤和不安全感中找到的救命稻草。

露露是一个孩子的妈妈，丈夫出了车祸，住院三个月，儿子正在上初三，时间很是紧张。为了不影响儿子中考，露露一直瞒着儿子爸爸出车祸的事情。孩子每次回家，妈妈都在家里正常地给孩子做饭，陪孩子聊天，还会让儿子给爸爸打电话，爸爸也很配合地说话，说在外地工作，得过一段时间才能回去。就这样，露露一边工作，一边照顾丈夫，还要照顾家里的老人。有一次露露去菜市场买菜，不小心和别人的电动车撞了，对方得理不饶人，露露都急哭了，这个时候，露露的儿子扒开人群站到了妈妈身边，对着对面的人说："我已经报警了，让警察来处理，该赔的钱一分也不会少。"露露很吃惊，但还是先处理了事情。

晚上回家的时候，儿子和露露谈话，露露才知道儿子已经知道了家里的事情，他知道爸爸妈妈的苦心，也就将计就计让他们安心。这次回家，刚好路过菜市场，就看见妈妈的事情。露露抱着儿子又哭又笑，那一刻，露露又打起了精神，因为儿子给了她足够的勇气。

孩子能够给母亲重新振作的勇气，因为在一家人中，每个人都是需要保护的。孩子能够给予父母的就是精神力量，因为孩子的存在让父母有了生活的希望，有了面对困难的勇气，看着孩子，再大的困难父母都能挺过去。

用心去经营亲情

亲情一样需要用心经营，因为亲情不是一味地付出，你在付出的时候，也想要回报。但是对父母来说，你是否真正地用心去经营了亲情，等到你觉得你需要收到回报的时候，你是否想过你付出了多少。

我们经常听见这么一句话："你以为我是为了谁？我是为了你啊，我为你付出了这么多，你怎么就一点儿也不知道啊。"父母口口声声说自己为孩子做了很多，但是你内心是否真的想过：你真的为孩子做了很多吗？你说你努力工作是为了孩子，但是你是否想过，在这个社会上，不管你有没有孩子，你都需要努力工作；你说你忍受各种不公是为了孩子，但是你有没有想过，这样的不公并不是孩子带给你的。父母想在孩子身上得到一些东西，就要付出同样的东西，你想让孩子感恩自己，就要让他们有感恩的理由。

很多父母说孩子难管，总是和自己顶嘴，父母是否想过自己的问题：你有没有给孩子话语权？如果孩子有话语权，如果你肯倾听，孩子还会顶嘴吗？父母觉得孩子不懂事，不体谅父母的辛苦，这是因为你不肯给他们陪伴。试想一下，除了金钱，你有多余的时间来陪他们吗？经营好亲情，就要学会体谅孩子，和孩子沟通、交流。亲子活动的进行能够帮助你和孩子建立友好的关系，也能让你更加了解孩子的内心世界。

父母在难得空闲的时间里，不要光顾着看电视或玩手机，不妨带动孩子做一些简单的家庭游戏。希望孩子增强身体素质的父母可以带孩子出门运动，如跑步、游泳、跳绳、打羽毛球等，这些体育项目都能促进亲子关系；希望孩子增强大脑思维能力的父母可以和孩子一起看书，或者玩"读文章找形容词"的游戏、"词语接龙"的游戏等，这些活动都能在无形中让孩子端正学习态度；希望孩子培养注意力的父母可以跟孩子玩"筷子夹黄豆""复述故事"等游戏，会让孩子养成做事专注的好习惯。

在家庭里，快乐是会互相传染的，焦虑也会。如果父母心里有很多担心，就不要期望孩子不受影响。家庭好比一艘船，孩子是乘客，如果船长慌了，乘客会怎样呢？如果船长内心平静，还能跟船员开开玩笑，那么乘客怎么能不陶醉于沿途的风景之中呢？千万别小看了这些看起来平淡无奇的细节，孩子们就是在貌似无意义的动作中认识世界、建构自我的。

有一个男子靠买卖牛来维持生计，当地有一个富甲一方的财主，家中的小女儿很聪明，是财主最疼爱的孩子。男子家很穷，因为一次偶然的机会认识了财主家的小女儿，两个人一见倾心，后来便结为连理，但是日子过得很辛苦。小女儿每次回娘家，总是拖大带小空手进门，吃住上一些时日。有次财主就说："丫头，我虽有钱，但那是我的，难道你一辈子都没打算给我送点什么吗？"小女儿十分羞愧，再去娘家，总是会变花样儿地带点小礼物进门。不管怎样的亲人，感情都不是单一的输出而是互动。这世界上，没有哪一种亲情只是一方的给予。

故事中财主的话道出了一个真理，世上没有一方的永远付出，不管什么感情都是一样的。父母为了孩子付出，也希望看到孩子给予自己一片孝心。同理，孩子也希望能够得到父母的关注，如果父母来不及关注孩子，那么孩子也不会把自己的内心世界展现给父母。

刘岩总是和妈妈吵架，很少回家，每次回家都是因为妈妈不给他钱用，回家之后又是一顿大吵大闹。刘岩很小的时候，父母就离婚了，虽然那个时候他还小，但是他也知道自己的家庭不完整了。离婚后，妈妈独自撑着这个家庭，工作很忙，经常出差。所以小时候的刘岩常常一个人在家，经常早上醒过来就看不到妈妈的身影。后来妈妈雇保姆来照顾刘岩，却都被刘岩气走了，妈妈为此大发脾气，每次刘岩都哭闹不休。在这样的环境下，刘岩上了初中，然后又勉强进了高中。随着刘岩年龄的增长，他习惯了一个人在家，加上可以和朋友随便玩儿，就导致了如今叛逆的性格。妈妈很是头疼，她觉得孩子不体谅她，而刘岩也觉得妈妈不是个好妈妈。

很多时候，亲情就是在这样的情况下消失的，因为孩子不理解父母，父母也不知道孩子需要什么。所以孩子变了，父母也老了，互相之间都没有时间来改变。想想为什么会变成这个样子，都是因为在经营亲情的路上出现了差错，亲情需要用心经营，就像一株花，父母需要用时间和爱去浇灌，最后才能开出花来。

无论去哪里谋生，都一定要带着孩子

父母要陪伴孩子，要始终和孩子在一起——我们经常能听到这样的话，也知道陪伴两个字对孩子有多么重要，但是生活的琐碎、谋生的无奈都让陪伴成了"奢侈品"，越来越多的"留守儿童"让人心疼，越来越多的问题少年也让人心碎。

调查显示，中国有 2.53 亿"流动人口"，他们中有人从农村走向了城市，有人从一个城市走到了另一个城市，甚至从一个国家走到了另一个国家。孩子出生之后又会因为户口、经济、教育等原因面临着是否留守老家的难题。现如今，不光农村有留守儿童，城市里也有很多留守儿童。

曾经看到这样一个场景：春节前后，返乡的农民工拖着行李箱，后面跟着哭着喊着的孩子，奶奶竭力地拉着小孙子，目送着儿子和儿媳妇离开。父母在外面打工，是为了家庭成员能够更好地生活，是为了孩子能够更好地成长。但与此同时，孩子在家里成了一个孤独的人。他们长期缺少父母的陪伴，只有隔代的亲人，加上周围环境的影响，孩子会越来越缺乏安全感。有些时候，甚至会失去对父母的依赖感。

微微已经 3 岁了，到了该上幼儿园的年龄，可是爸爸妈妈实在太忙了，没办法每天都接送她，所以她被送到了住在同一座城市的爷爷奶奶家里，在爷爷奶奶家门口的幼儿园上学。每个周末，爸爸妈妈都会带微微去科技馆、动物园、公园等地方玩儿，微微每次玩儿得都很开心。有一个星期天，一家三口到游乐场去玩儿，傍晚回家时，微微突然问："妈妈，我们是回奶奶家，还是回你们家？"妈妈听了之后有些郁闷："为什么说'你们家'？爸爸妈妈的家不就是你的家吗？我们是一家人。"微微摸了摸自己的小脑袋，恍然大悟道："对哦！"但是这句话却让微微的爸爸妈妈陷入了沉思，一夜无眠。

孩子长期没有在父母身边成长，父母对孩子的关注度明显不够，以至于孩子和父母之间出现了较深的距离感，感受不到父母完整的爱。因为父母陪伴的缺失，让孩子失去了更多和父母在一起的机会，不利于孩子的成长，也让孩子和父母之间产生了隔阂。很多时候，父母因为长期在外谋生，连孩子的面都没怎么见过，孩子的成长中缺少父母的关爱，更加缺少对父母的认知。

某大型公益活动选了57名"留守儿童"到杭州、上海和爸爸妈妈团聚，其中有一个小女孩的爸爸妈妈竟然说出了这样一句话："可以让孩子奶奶一起过来吗？娃儿认不得我。"原来，孩子出生没多久就被交给了爷爷奶奶来抚养，夫妻俩继续在杭州工作，因为种种原因，居然好几年都没有回老家和女儿团聚。航空公司了解到这一情况之后，愿意为小女孩的奶奶多提供一张往返机票，让她陪同女孩前往。

孩子居然认不出自己的爸爸妈妈，这是一种怎样的悲凉。作家龙应台说过这样一句话：父母和食物一样，都是有"有效期限"的。孩子最初的十年是非常关键的，是孩子认知社会、个性形成以及与父母培养感情的最好时机，一旦错过了这一黄金时期，再去弥补便是为时已晚。父母不在孩子身边，甚至是从出生后不久就不在孩子身边，父母没有教会孩子说话，没有教会孩子走路，没有送过孩子上学。孩子懵懵成长的期间见不到父母，他们的世界中只有爷爷奶奶或者其他长辈，但是唯独缺少父母。

　　一些父母陪伴孩子的时间逐渐减少，最后导致孩子偏离了父母的期待，或者孩子和父母产生了隔阂，最后父母和孩子关系疏远，家庭出现了裂缝。这个时候父母才开始后悔，后悔当初没有陪伴孩子，后悔当初没有带孩子出来，但是时间不会给你这个机会。外出谋生，更要带上孩子。贫穷或者富有的区别，也许会养出不一样的孩子，但是想要养好一个孩子，绝对不仅仅是钱多钱少的问题。

　　有人说："我忙得都抽不出时间。"难道真的是这样吗？时间对每个人都是公平的，最大的差别在于我们要学会选择，选择当下最重要的。作为父母，其实我们给不了孩子属于他的未来，他有自己的人生，我们能做的只是努力守护孩子当下能够得到的快乐和幸福，和孩子一起体会相伴时遇到的每一处风景、每一种心情。你可以外出谋生，孩子也可以跟着你，你下班回家的几个小时、给孩子做的一顿饭、送孩子上学的一段路程，对孩子来说都是至关重要的。这些陪伴要比你每年年假的陪伴管用得多，即便孩子跟着你会吃苦，但他们的心情是欢乐的。

　　很多父母会说："我们在外面辛苦，也是为了孩子啊。谁不想把孩子带在身边，但是工作环境不允许，自己又怕照顾不好孩子。"但这真的是理由吗？父母外出谋生是为了孩子，那么作为父母是否真的明白什么才是为了孩子。你缺席了孩子的每一个成长阶段，最后孩子的成长出现了问题，或者对你生疏了，你又责怪孩子不理解你的心思，责怪孩子不懂得感恩。但是在孩子成长的十几年时间里，你出现在他们生命中的时间加起来还不到一两年，他们为什么要理解你的心思、感恩你呢？这对孩子来说，是极其不公平的。

古语有云，父母在，不远游。那么，我们不妨反过来说，父母要远游，也要带着你的孩子。因为他们需要你，需要你带着他们去看看外面的世界，需要你带着他们走过成长的各个阶段，需要你牵着他们的手。不管你去哪里谋生，请一定要带上你的孩子。

家就是"我们始终在一起"

　　家是人一生一直要待下去的地方，也被称为港湾。不管自己身在何方，都会有回家的渴望。放学回家，你能吃到香喷喷的饭菜；下班回家，你能看到暖暖的灯光；过年回家，迎接你的是温暖又久违的怀抱。家已经成为一个象征，象征着美好，象征着希望。

　　家是什么，说白了家就是一家人，当家里的亲人都在，当身边的人带着笑意，你就会觉得外面的疲惫都消失了，忙碌的心也会慢慢沉静下来。家是最温暖、最舒心的地方，因为不需要你考虑多余的问题。孩子活泼好动，时不时地能逗你开心，也许偶尔会有小纠纷，但总是会消失。家里有家人，有陪伴和依靠。

　　孩子从襁褓里咿呀学语的小豆丁，到后来能在地上爬来爬去的小可爱，为家里增添了很多欢声笑语，孩子也成了家中的开心果，因为孩子的出现，父母也见识了更为广阔的天地。孩子依赖着父母，父母也陪伴着孩子。等孩子长大一些，孩子能陪着父母一起去吃好吃的，父母能跟着孩子一起去看动画电影，能一起去旅行。在互相的陪伴中，孩子会渐渐长大，父母会在此期间理解着孩子内心世界的规则，孩子也知道父母定下的规矩，互相遵守着彼此的规矩，也互相理解着彼此的心情。父母会尊重孩子的思想和看法，孩子也逐渐理解了父母的苦衷和为难。

　　成长是一件辛苦的事情，但是在这个过程中，孩子和父母能够一直走下去，彼此都在成长，彼此都在学会理解。父母从孩子身上获取快乐，也给予相应的物质支持；父母陪伴孩子长大，孩子也给予父母同样的陪伴；父母把孩子当成独立的个体，凡事征求孩子的意见，孩子也能渐渐学会顾虑父母的想法和爱好。大家有平等的决策权，凡事有商有量，有人被照顾就有人学会妥协，一旦做出决定就不要反悔，更别想着耍赖皮。

　　小凡有一个幸福温馨的家庭，爸爸妈妈每天下班都会陪着小凡一起玩耍，然后辅导小凡写作业。后来，爸爸妈妈和小凡商量，想不想家里多一个小妹妹，小凡很是开心，因为他一直羡慕别人家有两个孩子。爸爸妈妈看到小凡很是开心，于是也准备生二胎。在妈妈怀孕的几个月中，小凡很是乖巧，早已经被冠上"哥哥"名号的小凡每天都会写小纸条，然后装在一个小罐子里，说是等到以后给妹妹看。不久，小凡的妹妹出生了，一家人都很开心。小凡每天放学回家的第一件事情，就是去婴儿床边看看妹妹。对小凡来说，每天最幸福的事情就是看着妹妹长大，爸爸妈妈一点儿也没有偏心妹妹，反而是小凡有什么好东西都想给妹妹留着。妈妈看着一家人，脸上洋溢着幸福的微笑。

　　家对我们来说，是一起成长的地方，一家人一直在一起，不管经历多少苦难，都能一直走下去。父母不会觉得孩子是负累，因为在付出辛苦的同时，孩子也给父母带来了快乐，孩子给父母的陪伴，参与到父母的生命中来，成为父母的精神力量、快乐的源泉。这便是孩子带给父母的快乐，父母也带给了孩子生活和未来的可能性。

　　家是孩子和父母共同构建的，从开始的一起携手，到后来的互相扶持，当各自有能力又尊重对方时，便不会觉得累，只会觉得感激。家人在一起的时间是最好的时间，温柔待人，也要温柔待己，和家人一起走人生的旅程，哪怕时有坎坷，但是一家人只要在一起，就是最强大的家庭。

新闻报道说，某地贫苦，一家人靠着一亩三分地过活，家里的爸爸长年在外面打工，过年回家的时间也不长，但是一家人相处和谐，生活幸福。后来，爸爸和妈妈一起出去，带上了家里的两个孩子，因为本身学历不高，在外面又被骗过，日子过得更加拮据。于是妈妈抽空就带着孩子上街捡废品卖钱，但是一家人始终在一起。他们住着最简易的平顶房，很久才能吃上一顿肉。两个孩子没有怨天尤人，他们会努力帮家庭减轻负担，在公益所的帮助下，也成功地上了学。日子虽然辛苦，但是这个家庭从来不缺失温暖。

家不仅仅是住所，不管住在哪里，只要家里的父母在、孩子在，那个地方就是家，是你苦了累了可以回去的地方，是能得到安慰的地方，是能不断创造奇迹的地方。世界上有很多精彩和感动，但家始终是最温馨的港湾。

读懂孩子，打开孩子内
心世界的大门

父母想要读懂孩子，就需要走进孩子的世界，而这个世界的钥匙，就是孩子的内心。当父母走进孩子的内心，就会发现更为新奇的世界，孩子会主动和你沟通，你也能更加看懂孩子的心思，使亲子关系更加和谐。和谐的亲子关系能够让孩子更加自信地面对世界，大多数内心强大的孩子，背后往往都有一对善解人意的父母。

读懂孩子的心，让管教更有效

父母管教孩子是现实教育中必不可少的一个环节，管教需要管，更需要教。父母不仅要约束孩子的行为，还要教会孩子如何展现正确的行为。在这个过程中，便需要父母读懂孩子的心，因为强行的管教会让孩子反抗，最后伤害了孩子，也伤害了自己。

人们总是说不要过度地管着孩子，于是有的父母认为不需要管孩子，应该遵循孩子的天性，让孩子自由地发展，想干吗就干吗。当然不是这样的，孩子在小的时候很难控制自己的欲望，比如孩子喜欢看电视，但是不知道节制，如果父母不加以约束，往往一看就是一整天。如果父母认为这是孩子的天性而不去管教孩子，就会害了孩子。这说明，孩子是需要管的。

父母应看到孩子的独立人格，认识到孩子也有自己的尊严，尊重孩子向往自由的天性，同时也要看到他们热切地渴望父母的关注，他们会模仿父母的行为，并且跟所有人一样有各种坏习惯和不足。面对这些坏习惯，父母必须要进行管束，要找到行之有效的管教方法，这样父母才会轻松，孩子也会接受规则。

在媛媛四岁的时候，妈妈发现她每次吃饭后总喜欢用袖子擦嘴巴，明明提醒了她桌子上有餐巾纸，甚至把餐巾纸抽出来给她，她都视而不见，照样用袖子抹来抹去。更加气人的是，媛媛有时候就像是在故意捣乱，妈妈不让她在床上吃东西，她偏偏要端着碗在床上吃；大热天非要穿着冬天的靴子下楼玩耍，等到天气变凉，她却不肯穿外套。

一个周末，爸爸在家休息，妈妈让爸爸带着媛媛去楼下玩耍，自己在家里大扫除。洗了衣服，打扫了屋子，拆了被套，等到一切忙完的时候，妈妈已经坐在沙发上一动也不想动。这个时候，门口传来了爸爸和媛媛的声音，妈妈赶紧起身，对着门口的父女俩说道："你们俩先把拖鞋换了，我这是刚拖的地，还没有干，不然踩下脚印，我还得再收拾。"爸爸很快换了干净的拖鞋，而媛媛听见妈妈的话反而来了兴致，撒开腿跑了进来，还故意在客厅绕了一大圈。顿时，干干净净的地板上就留下了一串黑黑的小脚印。妈妈在后面喊着媛媛的名字，又是无奈，又是生气。

孩子之所会出现这个问题，很多时候是为了吸引父母的注意力。在父母的眼里，孩子的行为有些不可理喻，但是当孩子的意愿被拒绝或是被干涉，他们的内心就会有一种强烈的不安感，极易变得急躁不安、大哭大闹，而父母也会常常被孩子的反常行为搞得气愤不已。如果这个时候父母对孩子严加管教，那么可能会遭到孩子的反抗。因此，当父母遇到这一类的问题时，不要强行让孩子听自己的话，应学会转变自己的教育方式。只要掌握了孩子的执拗心理，做一些变通，就能找到解决孩子问题的妙招。

处在这个时期的孩子，非常渴望父母的理解，父母要用心去揣摩孩子的行为，并给予其足够的尊重和理解，这样孩子才能顺利而快乐地走过敏感时期。父母应抽出自己的时间多陪陪孩子，要和孩子友善地沟通，暂时放下手中的工作，陪孩子做游戏，发掘他们的内心世界。孩子在成长的过程中是急切地渴望与父母沟通的，他们希望得到父母的爱和关注，不管是婴儿时期还是叛逆的青春期，无论他们在表面上有多么冷漠，内心也依然渴望得到父母的认同和关注。

在孩子成长的过程中，有时候他们很想去控制大人的想法，刚开始的时候，他们也许没有意识到这种力量，但是慢慢地，他们会发现这种力量有很大的作用。就像是刚刚出生的婴儿，因为缺乏安全感，所以会用不断地啼哭来引起大人的注意，当他们的需要得不到满足的时候，还会通过啼哭来发泄自己的情绪。随着年龄的增长，孩子的需求会不断改变，他们一旦做不好或者觉得有困难的时候，就会寻求父母的帮助。当孩子意识到自己的一些行为会让父母妥协，就会在很长一段时间内不断地重复这一行为。

爸爸带着明明去外面吃饭，在餐厅里，隔壁的一桌人也在吃饭，那桌人中有一个 8 岁的孩子，他正坐在椅子上等着奶奶喂饭。明明则不同，他跟着爸爸去取餐台取餐，然后自己动手打开饭盒，自己吃饭。爸爸只是在一旁看着，会在明明打不开包装的时候出手相助。明明在小的时候也会撒娇，想要大人喂饭，但是明明的爸爸很早就给明明立下了规矩，要明明学会自己的事情自己做，要独立。刚开始的时候，明明也的确不愿意，爸爸就用游戏来帮助明明："你和爸爸比赛好不好，看看谁先把碗里的饭吃完。谁就能得到家里的小红花，贴在墙上的那种。"

明明爸爸的教育方式非常值得我们学习，他的管教不仅是管束，也是在教育孩子成长。父母要理解孩子的心思，孩子不愿意做一件事情总是有理由的，不妨去把这个理由找出来，然后对症下药，找到解决问题的办法。当孩子把聪明全部放在了控制大人满足自己的需求上时，哪有心思去学习自己做好一件事情呢？很多在父母掌控下长大的孩子，成年后还是会想方设法地要求父母满足自己的需要。我们看到越来越多的啃老族，如果父母不能满足他们的愿望，他们甚至会棍棒相加，不得不说这是父母的悲哀。

　　在孩子成长的过程中，需要父母坚定并温柔地引导孩子。对孩子的无理要求，哪怕是大喊大叫地哭闹，父母有时候也不必去理会，等孩子把自己的情绪发泄出去以后，让孩子在自己的房间冷静一下，而父母唯一要做的就是坚守自己树立的规矩，温和地等待处理，不压制，不恐吓，不迁就。

男孩女孩的世界，需要正确的打开方式

男孩女孩的世界，需要正确的打开方式。养孩子是辛苦的，但是不同的孩子身上有着不同的特质，所以父母要学会和孩子分类沟通，对待孩子，也要根据他们的秉性来进行教育。男孩子和女孩子的天性是有差别的，所以父母要注重孩子教育中的个性化问题。

男孩子天生好动，精力旺盛，这是因为男孩子的睾丸素要高出女孩的 15 倍之多，而使人平静的血清素，男孩却比女孩要低得多。所以，你不要指望一个男孩子能够安静下来乖乖地待一天，特别是在他们的成长阶段。有时候，父母会发现男孩子更容易愤怒、踢人、揪你的衣服，甚至是扔东西、大喊大叫。其实这些都是他们成长过程中的正常行为，由于体内睾丸素的作用，他们无法控制自己，又不知道该如何表达。父母要做的就是接纳他，然后有方法地告诉他应该如何表达。

一般人认为男孩子的情感应该是坚强的，但这其实是假象，男孩看似坚强的外表背后，隐藏着脆弱的一面。事实上，男孩在情绪、情感上往往比女孩更脆弱。有时候父母会发现，在孩子生活中出现的一点点改变，或者妈妈、爸爸稍微严厉一些的口吻，都可能会让小男孩变得焦躁不安。

小刚的爸爸发现这几天孩子有些执拗，做事情很是固执，近乎魔障一样坚持一些东西。比如，开门的时候必须他来开，任何人开都不行。有几次妈妈开了门，他就哭闹，非要关上重新开。每当爬

楼梯时，他永远要往前面走，根本不会管后面的父母。虽然妈妈说了几次，但是根本不管用，小刚依旧我行我素。最后没有办法，他们索性让孩子进行到底，爸爸陪着孩子胡闹了一段时间后发现，孩子不再坚持这些行为，也不胡闹了。

在这个时期，孩子总是有自己的坚持和想法，即便是错的，他们也要坚持下去。父母要知道，男孩子在情绪的处理上会比女孩子慢一些，他们更喜欢坚持己见，不愿意接受挫折。有时候他们明明知道自己力不能及，却还要坚持不断地去尝试。父母在这个时候应该给予孩子更多的信任，相信孩子的判断能力，给他时间进行调整。对固执模式下的男孩子来说，能够得到父母的接纳是十分重要的。如果你硬是要他不做某件事，或者强迫他接受你的想法和意见，会让孩子产生真正的挫折感。很简单的事情，往往就被过度地错爱弄砸了。

男孩子的情感萌发来得更晚，从整体上来说，男孩子上学之后的适应能力也不如女孩。有研究表明，男孩子从开始上学的那一天起，在读写能力的发育上就比女孩晚两年。父母在这个时候要学会维护男孩的自尊，给男孩子一个轻松的环境，让孩子的天性得到释放。这样男孩子才能学会去接纳别人，学会去表达情绪。

女孩子在成长中过程中会遇到各种各样的问题，由于女孩子天性胆小、感性、脆弱，她们对爱的需求也很强烈，很多情况下会因为感性而冲动行事，最后被人欺骗。同时也会因为经受不起打击，经常一蹶不振。所以，父母要让女孩子在成长过程中感受到父母的爱，感受到家庭的幸福，更要赋予她独自面对未来、独自创造幸福的能力，培养出她的独立、勇敢、自信、坚强、果断等关乎她一生成败的良好品质。

苗苗是家里的独生女，人长得好看，成绩也好，很受老师和同学的欢迎。但是最近家里因为苗苗的上下学问题闹得很是厉害，因为最近报道了很多小孩子被拐卖的新闻，加上前几天市里的一所小学发生了一起丢失孩子的事情，让苗苗妈妈很是担忧。刚开始的时候，苗苗妈妈专门和爸爸商量，要两人轮流接送孩子上下学，爸爸也同意了，于是就和妈妈分工送孩子上下学。半个学期过后，苗苗提出想要自己上下学，因为班里的孩子已经没有大人送去上学的了。但是妈妈一直不同意，说家里只有一个女孩子，万一出了事情怎么办？爸爸劝说了妈妈几次，但是都无济于事。

有一天早上，苗苗早起，没有和爸爸妈妈打招呼就直接跑去了学校。等到妈妈起床的时候，发现苗苗不见了，于是家里一顿混乱。刚好当天苗苗的电话手表出现了故障，一时间也没有接上电话。于是爸爸妈妈和爷爷奶奶赶紧去学校，一看到在学校的苗苗，妈妈气不打一处来，直接打了苗苗一巴掌，苗苗哭得很是厉害，最后还是被老师带回了教室。爸爸和妈妈回到家，因为这件事情争执不休，爷爷奶奶在一旁也是无可奈何。

父母保护孩子是无可厚非的，但是要知道孩子也需要自己的天地。女孩子成长得快，她们对世界的感知要比你想象中的认真得多，也快速得多。虽然女孩子胆小，但是她们敏感，在很多事情面前，她们会有自己的应对措施和自我保护能力。父母要做的，是尽可能地保护她们成长，却不是约束她们成长。养女儿，要开阔她的视野，让她见到更多的东西。这一点和男孩子没有区别，甚至要更加重要。因为女孩子要更加学会如何保护自己，这一点是在了解了足够的社会人情之后学会的。所以父母要做的是不断增加女孩子的见识，要培养她们自尊自爱的品格，教会她们善良和关爱。女孩子虽然需要被保护，但是终究有一天她要独立于社会之中，那个时候，她必须坚强地面对一切，父母是帮不了她的。

女性的素质决定着整个民族的素质，女孩子的成长关乎自己的一生，也关乎未来她的家庭，她的下一代。在生命的繁衍生息之中，女孩子的作用比男孩子大得多，正因为如此，女孩子才要在开始的时候学会更多东西。父母养育子女是一场新的旅程，在这个旅程中，父母需要不断地关注孩子的心理变化，并且适时地为他们解决其中的困难，找到适合孩子成长的路，为他们保驾护航。

不要忽视孩子的情绪

孩子的情绪很多时候是自身的问题，但是不少情况下也有家庭的影响。在孩子的成长阶段，父母不可能时时都照顾到孩子的情绪，很多孩子在成长过程中被忽视了情绪，不被父母看重，长大之后就不愿意和父母沟通。

早些时候的父母，因为社会环境的影响，能够养活孩子已经不错了，哪里还有空去猜测孩子内心的想法。在物质条件极其匮乏的情况下，把家里的一堆孩子拉扯长大，放在谁身上都不是一件简单的事情。可是，那种不被理解的痛楚，还是会像刀子一样割在心上。情绪是最难控制的，但也是最好控制的，因为它可由一种想法生起，也会因一句话而消失。

有一个小男孩，很小的时候父亲去世，亲戚朋友一直很照顾他。他小时候的衣物基本上都是亲戚朋友给的，但是当时的生活条件并不是很好，所以送他的东西常常是新的少，旧的多，可是总比没有好，他也会穿上。那个时候经常有小伙伴嘲笑他，说他穿大人的皮鞋，没有钱还穿皮鞋，露出一个大脚趾。孩子自然不想被人取笑，有时候会追着人打，但是他的妈妈总是跟他说："不要跟人打架，好好过日子，有的穿就不错了。"小男孩的情绪一直得不到理解，也不甚开心，他一步步地熬了过来，以至于见人就要察言观色，做什么事都循规蹈矩。每个人都夸他懂事，可是没有一个人真正愿意倾听他的内心，他内心的苦楚无人能懂，所以他常常在河边或者山脚下找个没人的地方哭一场，而这些家里的人是从来都不知道的。

孩子的感受被父母忽视，或者根本不被父母看重，父母认为那是微不足道的小事，但是对孩子来说，那确实是很艰难的一段时期。年轻一代的父母在自己小的时候，或多或少都经历过内心的挣扎，然后自己调节情绪，最后所有的苦楚都是自己咽下去的。正是因为经历了这样的事情，所以现在的父母才要更加关注自己的孩子，不要让你所承受过的痛苦在你的孩子身上重蹈覆辙。

情绪这个东西，出生的时候就有了。胎儿的第一次情感表达是哭，一个小婴儿来到人世间，用哭声来呼唤父母的保护，然后用哭声来表达自己的感受或需求。在大人的世界中，哭泣往往是坏情绪的表达，所以很多时候大人是无法容忍孩子哭泣的。但是为人父母要理解这种情绪，情绪的背后总是有原因的，当父母去探求孩子哭闹的原因，并找到真正的原因后，就不会感到崩溃，或者以暴力压制了。

有些父母会用冷淡处理的方式来处理孩子的情绪问题，当孩子闹脾气的时候，就丢下孩子不管不顾。或者威胁孩子不要他了，当孩子吓得瑟瑟发抖，就会顺从父母的意见。可是孩子的感受，作为父母的你是否真的明白？儿童学家肯尼斯·巴里西说："通常孩子在短时间内无法找回状态。痛苦的感觉会长时间淹没他们。渐渐地，失落、反抗的情绪占了主导，家庭交流越发陷入恶性循环。"

的确如此，孩子的成长本来就是学会控制情绪的过程。如果父母没有给予足够的关注和爱，而是忽视孩子的情绪，最后孩子会更加叛逆，甚至变得歇斯底里。因为他的内心从来没有得到理解，情绪又不知道该如何表达，这样的亲子关系只会越来越糟糕。特别是孩子面对一些大的变故，内心遭到创伤的时候，情绪还被忽略，孩子的心理健康就会遭到极大的损害。

班级里发了海洋馆的门票，老师说可以让父母陪着孩子一起去。悠悠回到家和爸爸提了这件事。悠悠在和爸爸说之前已经算过一遍，如果不需要爸爸妈妈陪同，可以省下不少路费，自己带上一个面包和一瓶水，也可以省下午餐钱。但是爸爸坚决不同意，说看那个没有用，让悠悠在家学习。悠悠哭着说，小组的同学都去，她不去的话会被笑话，但是爸爸依旧不为所动。悠悠问了妈妈，妈妈也说不过爸爸。

第二天，小组同学来悠悠家找悠悠的时候，悠悠无奈地说自己不能去。小组同学离开后，悠悠在门口哭了很久，爸爸看见后不为所动，说小孩子闹一会儿脾气就好了。从此以后，悠悠有任何事情都不会问爸爸，父女俩的隔阂越来越深，慢慢地也不再沟通了。

因为悠悠的情绪问题爸爸和妈妈没有及时解决，甚至连自己的问题都没有看到，最后导致了孩子和爸爸之间的隔阂。一个人的生活会因为创伤而动摇，变得灰心丧气，对当下的生活和未来也没有兴趣，把自己锁在回忆中，这样的人生是可悲的，但是很少有人能自己从这个深渊中走出来。只有父母的爱和关注才能让孩子的内心强大起来，如果孩子在哭泣，请不要一味地说："不要哭了，不要哭了。"而是要站在孩子的身边，读懂他的内心。

父母之所以会忽视孩子的情绪，往往是自以为是导致的，他们想当然地认为孩子哭是小孩子闹情绪，从来没有和孩子沟通过。养育孩子不同于普通的工作，因为你要面对的是一个成长着的、变化着的、有自己独立灵魂的生命。而且，不同的时代，孩子们的感受都不同，而父母却往往不够敏感，还用那些自以为很对的观念来理解孩子。孩子的情绪一旦被父母忽略，就会埋下成长路上的祸根，随着时间的推移，这些祸根迟早会结出苦果。父母要努力不去种下祸根，也要及时地拔除祸根，接纳孩子的情绪，关注孩子的感受，才能培养出情绪积极、思想健全的孩子。

尊重，让孩子的内心更加强大

尊重这个词总是被提及，我们都知道应学会尊重别人，因为这样也能让别人尊重自己；尊重别人的劳动成果，你也能享受到一份欢愉；尊重别人的言论，你也可以发表一份言论。尊重是与人交往必不可少的要素，它一样适用于家庭。尊重孩子，是每个父母需要学会的一门课。

孩子需要独立，这是每个父母都知道的，但是在独立的过程中，父母是否真正地让孩子学会了独立。父母对孩子的态度，会在很大程度上影响孩子未来待人处世的态度。被父母尊重的孩子，势必会有极大的信心，因为他们的想法和行为被父母尊重，就是得到了来自父母的肯定。

苏寒总是有奇奇怪怪的想法，有一次他把电动玩具拆了，说是要做一个会移动的盒子，自己不想出门送东西的时候，就让盒子去。结果是苏寒弄坏了一个玩具，盒子也没有做成。还有一次，老师在课堂上演示电极发电的原理，苏寒回家就想看看电视机显示图像的原因，后来把家里的电视机传导器折腾坏了。手工课上，别的小朋友都在规规矩矩地学着老师的样子折千纸鹤，苏寒非要叠飞机，还在教室里乱飞，最后班主任把苏寒的爸爸叫来谈话，苏寒站在门口，心中很是害怕。放学后，苏寒爸爸带着苏寒回家，路过快餐店的时候，爸爸问道："你想吃炸鸡吗？"苏寒有些错愕，但还是点了点头，于是爸爸给苏寒和自己买了一份炸鸡，父子二人坐在靠窗户的座位上吃得津津有味。

等到吃完了，爸爸才说道："班主任说了很多你的事情呢！"苏寒低下头，小声说道："对不起，我以后上课会乖乖的，不会再做乱七八糟的东西了。"爸爸摇头说道："不要，爸爸觉得你的想法都很好，不要停下你的奇思妙想。今天你的老师说了很多，爸爸才知道我的儿子原来有这么多新奇的想法。你怎么都不和爸爸说呢？"苏寒抬起头，眼睛里都是不可思议。爸爸继续说道："爸爸尊重你的想法，而且你要记住，爸爸和妈妈是永远爱你的，支持你的。但爸爸要说的是，以后你的想法尽量回家做。因为学校是上学的地方，必须要遵守规则。"苏寒看着爸爸，郑重地点了点头。

苏寒的爸爸没有因为孩子的行为批评他，而是尊重孩子的想法，同时也教育了苏寒，告诉他在学校里更为重要的事情是什么。爸爸尊重了苏寒的想法，更是尊重了孩子的内心。在孩子成长的过程中，尊重孩子的想法是非常重要的，因为在尊重中，孩子能够看到属于他们的未来和自信。

对孩子来说，除了父母的管教之外，还需要一种独特的、区别于其他感情的亲子依恋，我们称之为"安全型依恋"关系，这种感觉会伴随人的一生。不管你到了什么年龄，内心都会住着一个小孩子，而这个内在的小孩子和他成长的原生环境永远有着内在关联。父母的关注和亲密的爱是孩子形成"安全型依恋"关系的两个关键，孩子需要积极地被关注，当孩子不开心的时候，不管是因为什么，他都希望首先会有人关注到他的情绪，而不是忽视和打击。只有父母关注孩子的情绪，才会让孩子觉得自己是被爱的，是被父母关注的、是被重视的。

　　尊重孩子的情绪，有时候只需要尊重他们一时间的关注点，这个时候的孩子渴望被关注，渴望被看到。你对孩子的尊重，会让他们度过坏情绪的时间，然后内心拥有快乐，让他们觉得自己是被爱着的。

　　小男孩的玩具车坏了，其实他自己也不想再玩儿，但他还是拿着玩具车去找爸爸，跟爸爸说道："爸爸，车的这个轮子坏掉了。"爸爸放下手中的工作，弯腰把小男孩抱到膝上，拿过玩具车，看了看说道："你是不是觉得不开心，要不爸爸给你修修。"小男孩点了点头，看着爸爸修理起来。在这个过程中，爸爸和小男孩说话，转移着小男孩的注意力。小男孩很开心地看着爸爸修理玩具车，最后虽然玩具车没有修好，但是小男孩的心情已经好转，又开心地拿着缺了一个轮子的玩具车在客厅里玩耍，爸爸看着儿子出门了，才低头继续自己的工作。

　　孩子很多时候要的其实并不多，他们只是想要你看到他们的情绪，并且积极地帮助他们，不管是父母的肢体接触还是言语安慰，都可以成为表达尊重和关注的途径。让孩子感到自己被关注，孩子才会觉得这个世界是充满爱的，是充满理解的。因为孩子心情不好的时候，会对任何事物都提不起兴致，长此以往，孩子的内心会变得胆小畏缩。

　　父母给孩子的尊重，是行为上的尊重，也是语言上的尊重。当孩子犯错的时候，不要责骂他们，更不要用"你还不如一头猪""笨死你算了"这样的言辞去侮辱他们。孩子可以犯错，因为他们有改正错误的权利。在他们认识世界的过程中，不可能一帆风顺，也正是因为可能有挫折，所以才需要父母的帮助。尊重孩子的举动，尊重孩子犯下的过失，然后帮助孩子改正，这样的父母才是真正尊重孩子的父母。

孩子只有在父母和家庭中感受到足够的温暖，日后才能看到未来和生活的希望。能被父母尊重的孩子长大后，也会感到世界的温暖，内心强大的孩子，势必是从小养成的。就像修建房子，孩子的内心有一座堡垒，父母是那个打地基的人，只有地基打好了，孩子的堡垒才能盖得稳定和高大。尊重孩子，是为了让孩子学会尊重，然后得到他人的尊重。更是为了让孩子能够尊重这个世界以及这个社会的法则。

越是禁止，孩子越要去做

大多数父母会发现一个问题，就是孩子在做事情的时候很喜欢和父母对着干。越是父母禁止做的事情，孩子越是要去做。这些情况让父母很是头疼，但又无可奈何。想要解决这个难题，就需要父母抓住问题的关键：孩子为什么要这样做？

有些时候，父母会发现这样一个问题：孩子上学之后就不再是之前的乖宝宝了，经常跟自己唱反调。父母不准他看电视，他偏要看；父母不准他玩儿手机，他偏要玩儿；父母不准他太晚睡觉，他偏偏要熬夜很久。最后在父母的雷霆大怒下，孩子才会不情愿地去做父母口中的事情。这便是父母需要解决的问题，找到孩子逆着你来的原因，然后对症下药。

父母首先要思考的是，为什么自己总是要在孩子的世界中当一个控制者，而不是一个守望者？如果父母在孩子小的时候就明白这个道理，孩子就不会有这么多的问题了。孩子的心理发展影响着孩子的行为，孩子的心理很多时候就是在优越感和自卑感中徘徊，好像是跷跷板的两端，而父母的爱决定了哪一端会重一点儿。如果父母在适当的时候去鼓励孩子，就会让孩子更加自信地面对生活和新奇的事物，如果父母不断地打击和禁止孩子做事，孩子会觉得他总是在犯错，在一定程度上会造成孩子的自卑心理。

菜市场中，小明总是要爬高踩低，当爸爸在熟食柜中买吃食的时候，小明总是要爸爸把自己抱起来看看。超市里也有其他小朋友，他们也会提出各种各样的无理要求，但是他们的父母会让他们好好待着，不要胡闹。可是小明的爸爸呢？他把小明高高地举了起来，让他看着高层柜子里面摆放着的鸡腿和鸡翅，然后在小明的惊呼中把小明放下来，笑着对小明说："你如果好好吃饭，坚持锻炼，就能长得高高的，就能自己看到了。以后还能看到更高的地方呢，所以要加油啊。"爸爸的一番话被小明记在了心里，于是在接下来的菜市场之行中，小明总是踮着脚尖扶着柜子，然后对爸爸说道："快看，爸爸，我长高了一些呢！上次我还看不到这么高的地方，现在我都能看到一些了。"

对孩子的要求，小明的爸爸及时地鼓励和肯定了他的想法，孩子显得很是满足，而且充满自信。在这个时候，如果你对孩子说你还很矮，会让孩子感到自卑，有一种挫败感，吃饭和锻炼的兴致都不会太高。孩子在成长的过程中需要鼓励，更加需要支持和相信。父母如果在他们想要了解外界的时候禁止他们，他们就会反感，然后反过头来依旧会去做那样的事情。值得注意的是，男孩子在生活中喜欢展现自己的力量，看到东西就要搬一下，这个时候很多父母会认为孩子还小，不能做这些事情，但事实上，孩子想要的不过是表现一下自己罢了。当孩子安全到达目的地的时候，他们想要的不过是一次夸奖。

如果父母一味地禁止孩子去做一些事情，而不去理解孩子的心理动机，也没有让孩子明白你的想法，孩子肯定不会听你的。孩子在小的时候，有很强烈的冒险精神，在他们眼里，外界的新奇和美好是他们知道更多东西的途径。即便是在父母眼中，孩子所做的事情是不符合常理的，但是对孩子来说是可行的。

　　强强才上小学，妈妈发现强强最近一段时间很喜欢做一些危险行为。每次去楼下的公园玩耍，他总是要爬双杠，看得妈妈心惊胆战，于是妈妈明令禁止强强去做那样的事情，但是往往事与愿违，强强总是趁妈妈不在的时候就去爬。结果有一次被妈妈发现后，妈妈直接把强强带回家，对强强严加批评，并且指责他这种行为是不好的，说以后如果强强再去，就要扣掉强强的零花钱。强强答应了，但是在学校的时候，强强还是不断地去做这件事情，直到有一次不小心摔了下来，妈妈接到老师的电话赶来的时候，强强才意识到这件事情的危险。妈妈虽然心疼孩子，但是面对孩子的不服管教也是无可奈何，好在老师及时和强强妈妈谈话，才让妈妈看到了自己的行为过失。

　　孩子沉浸在自己的世界中，很多时候看不到外界的危险，这个时候需要父母引导，而不是一味地禁止。孩子在没有看到危险的后果时，怎么会觉得自己的行为有妈妈说的那样危险呢？如果能够给孩子读几个这样的危险案例或者跟孩子描述后果，而不是单纯地说不能去做，那么效果可能就会不一样了。如果父母不用事实说话，只是强硬地禁止，或者只是说会摔断腿，是没有任何效果的，反而越是禁止，孩子越是好奇，越想去做。

　　父母是不可能限制孩子的生活的，他们属于他们自己，也属于这个世界。面对很多事情，父母要让自己成为一个引导人，引导孩子去做，和孩子定下规矩，当孩子要去做一件事情的时候，事前讲好时间和做事情的程度，等到孩子慢慢习惯了一件事情的进度，就会渐渐养成习惯。很多东西是可以让孩子去接触的，就好像硬币有正反两面一样，作用是积极还是消极，完全掌握在父母手里。和孩子一起定下规矩，告诉孩子某些行为的后果，而不是一味地禁止，这样孩子会感受到被尊重，还能养成自律的习惯。

和孩子保持始终亲密关系的秘密，就在于父母必须真诚，要让孩子真切地感受到你的关心，而不要总是想着去控制孩子，也不要担心其他人怎么看你。为此，父母首先要做的恰恰是管理好自己，因为孩子是父母的一面镜子，孩子的问题大多数都来源于父母。如果父母天天读书、学习，孩子又怎么会不努力？如果父母每日玩儿手机、打游戏，孩子又怎么会是一个自律的孩子呢？要知道，你唠叨一句，不如一个榜样有用。

为人父母，是一场生命的修行，你的一言一行都会带给孩子深远的影响，而孩子则会让你的生命变得更加完整。当父母自己做好了一切，孩子身上的许多问题自然会消失。

孩子越是失望，自控越是差劲

很多父母会觉得孩子越大越难以管教，很多时候会听到父母无奈的叹息，他们忧心孩子的生活，感叹孩子的执拗，不管自己如何管教，最后发现孩子依旧我行我素，于是父母无奈，最后叹息不已。

孩子的自控力往往源于后天的环境影响，特别是父母本身是否信守承诺，是否能够以身作则。在这方面有一个很好的例子：在二十世纪六七十年代，斯坦福大学的一位心理学家进行了著名的"棉花糖"实验。

这名心理学家招募了几百名四岁的孩子，研究人员把他们带到一个房间，房间里有一张桌子，桌子上放着一颗棉花糖。研究人员告诉孩子，自己有事情要先离开一会儿，如果他回来的时候棉花糖没有被吃掉，就可以再得到一颗棉花糖作为奖励，如果吃掉了则没有奖励。结果，有的孩子在关上房门的时候就吃掉了棉花糖，有的等了一分钟，有的等了五分钟，有的等了十三分钟，但是终究没有忍住。但是还有一些孩子一直忍住没有吃，他们也看着棉花糖，有的会添上一口，但是始终没有吃掉。实在想吃了，就通过唱歌、闭眼睛等活动来分散自己的注意力，直到研究人员回来。

十四年后，这些孩子都进入了高中，心理学家给他们的父母发去了调查问卷。结果发现，当年立刻吃掉棉花糖的孩子普遍存在一些行为问题，不管是在学校里还是在家庭中，他们的表现都不尽如人意。而坚持了十五分钟的孩子要比坚持三十秒的孩子表现好得多。始终没有吃掉棉花糖的孩子则表现优异。后来又经过跟踪调查，这些孩子大部分都获得了事业上的成功，而那些没有忍住的孩子大都过得不太好。

在这个实验中，心理学家发现能够自我控制的孩子变得优秀的概率很大，却看不出是什么影响了他们的自我控制能力。于是，在后来的罗切斯特大学的实验中，又改良了实验。

心理学家把孩子分成两组，让孩子们和她一起画画，旁边放着一盒用过的蜡笔。有一位同事说："你们可以先用这些用过的蜡笔，或者稍等一下，我去拿一些全新的更加漂亮的蜡笔。"几分钟后，一个小组的孩子得到了全新的蜡笔，而另外一个小组则没有得到，因为老师说自己记错了，没有新蜡笔。又经过了几次其他的许诺后，心理学家才引入了"棉花糖"实验。结果非常让人震惊，一直未得到承诺物品的小组在"棉花糖"实验中，忍住不吃糖的数量比另外一组高出四倍。

这个实验让更多的人看到，孩子的自控力不是天生的，而是后天获得的，它和孩子的父母是否信守承诺有着很大的关系。要让孩子养成推迟满足感的习惯，就必须让他们学会自律；要让他们树立自律意识，则必须让他们产生信任，而父母的以身作则是最重要的影响因素。如果大人以哄骗小孩子为乐，长此以往，孩子会分不清哪句话是真的，渐渐变得什么都不听。对于孩子的一些行为，父母要从根本上进行自我反思，更加重要的是试着去改变。记住，要取得孩子的信任，就必须兑现你的承诺。

如果父母经常哄骗孩子，不去兑现自己的承诺，孩子会觉得即时的满足才是实实在在的。面对玩具，他们会一直玩耍下去，等到你去拿，他们就哭，因为他们不相信你还会让他们玩耍；面对你给的零食，他们恨不得一口气吃完，因为他们不确定以后还有没有；你打开电视机，孩子不相信吃完饭还能看的承诺，所以你一关掉他们就又吵又闹。失望过的孩子，自控力会越来越差劲，他们克制不住自己，是因为父母给的承诺从来或者很少能够兑现。

父母破坏规则，孩子就会轻视规则，父母要求孩子做到的，自己必须要先做到，否则就无权要求孩子这样去做。父母真正付出了，孩子是能够感受到的，最怕的就是有的父母明明不愿意改变自己，却希望孩子改变，然后逼迫孩子去做他们不想做的事情，最后发现孩子什么事情也做不成。

自律的基础是自我肯定，找到自我价值，并为之努力。对孩子而言，要完成这样重要的心理成长，没有父母的用心是无法实现的。因此，父母要多花心思去陪伴，同时要给他们成长的空间，也要教会他们如何控制自己的生活和学习节奏。父母常常把时间花费在自己喜欢的东西上，比如自己喜欢的物件会用心保管呵护，也许几年之后都会和新的一样。我们种植花木，也会常常浇水施肥，对事物如此，更不必说是对有思想的孩子。

孩子能够自律地生活，在面对这个复杂的世界时能够更加自信，是因为他们有足够的耐心，因此也会有足够的勇气。孩子有着不错的自控力，内心会更加自由，这一份心灵的礼物，是父母送给孩子用来成长的，也是成长之路上必需的一份礼物。自控力强的孩子，不管面对什么样的环境，都能够坦然地面对，这是一种心境，是孩子可贵的品质。

孩子磨蹭，因为你一直催催催

在生活中，孩子做许多事情会很慢，也许是从早上起床的时候就很慢，也许是从之后的一切行为上很慢。父母看在眼里，然后站在一旁不断地催促，有时候看不下去，就直接动手替孩子处理。结果父母会发现，孩子做事情会更加磨蹭。

很多父母每天从起床开始就在和孩子"作战"，让孩子快一点儿起床、快一点儿穿衣服、快一点儿刷牙、快一点儿吃饭……等到最后去学校的时候，依旧嫌弃孩子走路太慢。父母会觉得一天到晚自己都在操心，孩子却太不懂事，不仅没有起色，反而越来越慢。

对此，父母要学会反思：是不是因为自己催促得过紧，让孩子情绪紧张，所以什么都做不好，自然就快不起来？是不是自己一看见孩子做事慢就忍不住"代劳"，导致孩子产生了依赖心理？

茜茜的妈妈是职场女强人，在一家公司当高管，所以办事向来雷厉风行。但是茜茜刚刚相反，她今年上小学二年级了，每一天都是磨磨蹭蹭地上学，让妈妈好几次都处在崩溃的边缘。于是就出现了这么一幕：每天七点一到，妈妈就去茜茜的房间，给茜茜穿上衣服，然后把茜茜牵到洗手间，把牙膏和毛巾准备好，让茜茜刷牙，自己去给孩子收拾书包。等到书包收拾好了，茜茜还在刷牙，于是妈妈动手给茜茜洗脸，最后拉着茜茜到餐厅吃饭。不管茜茜能不能吃完，八点的时候一定要出门，开车直接把茜茜送去学校。然后茜茜妈妈就不管了，开始自己一天的工作。直到有一天，老师给茜茜的妈妈打电话，说孩子的自主性太差，希望家长以后尽可能让孩子自己动手做一些事情，茜茜妈妈说："可是孩子实在太慢了。"老师说道："她还是个孩子，很多东西需要学习，谁也不是一开始就能把事情做得井井有条的。"茜茜妈妈坐在办公室，看着外面忙碌的人，陷入了沉思。

茜茜在学习的道路上有些慢，这不是茜茜一个人的问题，而是大部分孩子都必须要经历的成长阶段，茜茜妈妈的插手让茜茜适应了妈妈的帮助，于是各种能力不仅得不到加强，反而做事越来越慢。面对孩子，父母总是会催促，因为父母希望孩子像自己一样，但是他们毕竟是孩子，小小的手、小小的身体，很多事情做起来会慢很多，着急和催促只能不断地将自己的焦虑装进孩子的心里。

其实很多时候，并不是孩子做事慢，而是父母太急躁。当你着急出门的时候，你会发现不到一分钟的电梯都慢得让你崩溃。同样的，如果你的内心十分焦虑，那么看孩子做任何事都会觉得奇慢无比。事实上，外界的一切事情都按照原本的速度在进行，只是你自己太急了。

许多时候，孩子不是故意磨蹭，是因为孩子真的不会，没有办法自己完成，但是父母没有看到这一点。在你的催促中，孩子会变得焦虑，然后更慢。

彤彤上小学三年级，每天的作业是父母最为头疼的事情，因为孩子写字实在太慢了，别人家的孩子写一个小时的作业，彤彤要写两个多小时。以至于爸爸妈妈也不能去休息，还要看着孩子写作业。每天晚上都要辅导彤彤，一个题目要讲好几遍，彤彤点着头说听懂了，但是做作业的时候依旧很慢，一道题要算好几遍，明明有时候算对了，还要擦了再写。几次过后，妈妈再好的耐心也忍不住了，又催促了一遍。最后彤彤被催得太急，就开始哭。妈妈这个时候才稍微冷静下来，柔声问道："彤彤告诉妈妈，是不是刚才讲的并不会？"彤彤哭着说道："嗯，我没有听懂。"妈妈继续问道："那为什么要说自己懂了呢？"彤彤回答说："因为我害怕妈妈会着急。"妈妈心底一软，给孩子擦干眼泪，然后继续慢慢地教孩子。

彤彤的问题存在于很多孩子身上，因为孩子胆小，又担心被父母骂，于是越来越慢，因为他们不会，但是又不敢说。在这样的情况下，就需要父母进行反思。在责怪孩子磨蹭之前，要反思自己是否太急躁，给孩子的期望值是否太高，是否已经超过了孩子的实际能力。

孩子之所以磨蹭，很多时候原因还是在父母，每个磨蹭的孩子背后，都有一个不停催促唠叨的家长。父母要改变孩子磨蹭的习惯，就要学会控制自己的情绪，做一个淡定的父母。当你自己冷静下来，不再对这件事情发表意见，你就会发现事情会有很多的余地。当然，同时也要帮助孩子建立时间观念，可以借助沙漏或者闹钟来帮助孩子在规定的时间内完成一件事情，孩子做到后就要给予一定的鼓励。最重要的是，要和孩子之间有充分的信任和沟通，这样才能帮助孩子真正解决拖延的问题。父母要学会降低期望值或者重设目标，给孩子适应的，而不是父母认为正确的。有了相互信任，你就不再会有焦躁、催促和责骂，而孩子也会认识到自己的问题，会自己去找办法解决。

对待孩子的磨蹭，父母要对症下药，不能过度地催促孩子，也不能让孩子过于习惯当前的状态。磨蹭这个毛病要改，因为这是对孩子有好处的改变。父母对孩子的习惯要适应，也要采取正确的方法来帮助孩子改正。

有安全感的孩子，一生都有幸福感

安全感是一种心灵的感受，或许每个人对安全感都有不同的理解。小孩子需要安全感，大人也需要安全感，人们在心理得到满足的那一刻，身心都会喜悦。对孩子来说，安全感是需要慢慢培养的，而这个过程需要父母不断地倾注心血。

安全感是生命的底色，深深影响着每个人的存在状态，一个人在拥有基本的安全感后，才可能放松下来，更多地体验到轻松、愉快、自在、欢乐等美好的情绪。否则就会挣扎在担忧和恐惧之中，耗费巨大的能量去寻求安全感，很难有精力和心情真正地享受生命。人的安全感从刚来到这个世上的时候就开始建立，年龄越小，安全感越重要，对人一生的影响也越大。对孩子来说，安全感最重要的来源就是父母。从出生的那一刻开始，孩子在原生家庭中所经历的一切，就决定了安全感的建立或者毁灭。

在婴儿时期建立的安全感，将会影响孩子的一生。如果一个孩子没有在孩童时期建立强烈和安全的依恋关系，那么他的一生都将缺乏和他人建立深入而亲密的人际关系的能力。在婴儿时期和父母建立良好的依恋关系的孩子，社交能力要比未曾建立良好依恋关系的同龄儿童更强，也更加容易受到同伴的欢迎和追随，更加富有同情心。很多时候，一个人的社交能力源于生命早期母亲对他的呵护，换句话说，就是母婴关系决定了婴儿日后的社会关系。

当孩子稍微长大一些的时候，其安全感往往会通过一些社交活动体现出来。比如，我们会发现安全感良好的孩子能顺利地从母亲的怀抱中走出来，走向更为广阔的世界，并且拥有独立的人格。

悦悦原本是一个很活泼的孩子，但是因为有一次犯了错误，妈妈很是生气，于是就把吵闹的悦悦关在了门外。自从那次以后，悦悦就变了，之前能够自己睡觉，现在却不敢一个人睡觉了，甚至比之前更加黏着父母。这是因为被关在门外的体验让悦悦心中产生了一种想法，总感觉妈妈会不要自己。所以她开始变得敏感，开始不断地寻找安慰，很多时候一看到妈妈生气就赶紧道歉。妈妈发现了这个问题，在和老师沟通以后，老师也说悦悦不如之前那样活泼好动了。妈妈开始反思自己的行为，虽然和悦悦道了歉，但是事实上并没有什么改观。

当孩子有一种被抛弃的感觉时，其内心就会没有安全感，他们认为父母会抛弃自己，然后因为惊吓而变得怯弱。时间久了，就会让孩子的性格发生变化，所以父母的态度和做法对孩子而言非常重要，特别是被抛弃这种事，哪怕只是玩笑，也是没有哪个孩子能够接受的。所以，永远不要以抛弃、不理睬来威胁孩子，不管在什么情况下，都要让孩子清楚地意识到父母是永远不会抛弃他的，哪怕是要长时间地离开，也要让孩子感受到父母的心是和他连在一起的，这样的孩子才能建立起最重要、最基本的安全感。

当然除此之外，父母还要注意自己的情绪，不要把自身的问题发泄到孩子身上。父母对自己的情绪处理不当时，会影响到孩子的安全感，父母发火的样子很恐怖，孩子的本能就是害怕，然后会觉得自责和内疚。而内心敏感的孩子受到的伤害会更大，他们会在内心重新定义自己的价值，觉得自己没用，总是让父母生气。孩子会因为父母的情绪变化无常，变得小心翼翼，做什么事情都缩手缩脚，因为他时刻都担心自己做错了，长期下去就会变得自卑。

在帮助孩子建立安全感这个问题上，有一件事比较容易被忽略，那就是父母之间的关系。如果父母之间经常争吵，甚至大打出手，会让孩子时刻生活在恐惧中，安全感同样得不到建立。这样的家庭是不幸的，孩子也会深受其害。

方林家的经济条件很好，爸爸对他几乎是有求必应。但是方林不想待在家里，很早就开始了住校生活，甚至连节假日也不想回家，因为回到家他睡不着觉。方林的爸爸在外面做生意，妈妈也开了自己的店铺，两个人聚少离多，加上在很多问题上有分歧，所以经常吵架。小的时候，方林总是躲在自己的房间里，捂着耳朵哭泣，因为他很害怕爸爸妈妈打起来。渐渐地，方林开始不想待在家里。上初中时，方林执意要上寄宿学校，爸爸妈妈因为生意很忙，也就同意了，只不过偶尔会去看看他，给方林足够的生活费。方林在学校很少交到朋友，因为他总是担心身边的人会离开自己，所以干脆不去接触他们，导致性格越来越孤僻。

孩子在成长期间会形成新的心理安全感，在这个过程中，父母和家庭的作用是巨大的。虽然夫妻之间不可避免要吵架，但是可以换一个地方来解决问题，而不是当着孩子的面吵架。父母的恩爱、轻松温馨的家庭氛围更能让孩子养成阳光品质。

孩子的安全感来源于家庭，而在生活中的细节更是会影响到孩子的安全感。父母也许会在不经意间打击了孩子，或者是嘲笑了孩子，或者是让孩子难堪。所以父母要有意识地避免拿孩子开玩笑，更不要挖苦、讽刺孩子，谁都不喜欢自己有缺点，哪怕是很小的孩子。

　　父母的无心之言往往会让孩子稚嫩的心背上沉重的压力，而且孩子会模仿我们，当他小小的心里装满了敌意和反抗时，自然会去伤害其他人。孩子安全感的建立，不仅会让孩子自身得到满足，也会让孩子在面对外界的时候有足够的信心和勇气。安全感是孩子独立于世界的保障，因为安全感会让孩子得到满足，即便父母和亲人不在身边，孩子也能有足够的能力来应对生活中的变化。

最好的家教，是把家庭
变成一所"游乐场"

家教即家庭教育，是需要父母参与的一场对孩子成长至关重要的教育。教育孩子每个父母都有自己的心得，虽然他们都认为自己的方法是有效的，但是等到孩子长大之后才会发现，你曾经以为正确的方式也许有着很多的问题。最好的家教，是让孩子在玩儿中学，让他们学会玩耍，然后学会学习。

为人父母，本就是一场有趣的玩耍

曾经看过这样一个电影片段：一位父亲和女儿吵架，女儿独自跑了出去，一人坐在候车站等着，父亲在这个时候出现，两个人坐在一起，最后父亲先说话了。他这样说道："没有谁一生下来就会做爸爸，爸爸也是第一次做爸爸。所以当女儿的也要体谅下爸爸，爸爸也在学习当爸爸，女儿也在学习当女儿。"

为人父母，都是第一次，这是一场修行，也是一次"玩耍"。许多时候，一个家庭多了孩子以后，会多了更多的花销。这时，父母看看消费记录，发现大宗消费都在教育和旅行上，其他的便是买东西和玩乐。这是因为孩子需要玩耍，父母也要陪同，在这个过程中，父母也进行着一场有趣的"玩耍"。

试问自己多大以后再也没有坐过旋转木马，大概是高中，或者大学？但是有了孩子以后，一切似乎都多了一个理由，你可以跟着孩子去坐旋转木马，跟着孩子去坐小汽车，跟着孩子玩儿着你曾经好奇过的东西，重点是你光明正大，不需要掩饰。因为你带着孩子，你可以和他一起发现新世界。

成为父母之后，你会发现这个世界是崭新的，是十分有趣的，就像开启了大观园，里面的东西要比你之前接触到的好玩儿得多。你会发现好玩儿的玩具，拼接游戏、迷宫探索，还有能让爸爸心动的汽车模型以及让妈妈爱不释手的毛绒玩具。父母在陪伴孩子的玩耍中，同时也找到了属于自己的乐趣。这样的乐趣是你在孩童时期过后，再一次找到的美好。

有不少带孩子的父母，他们周末会跟着孩子一起去游乐园、公园，去许多地方玩耍。因为许多少儿活动都要求家长陪同，所以这些年轻的父母兴致盎然，他们有些时候甚至比孩子玩儿得还开心。在陌生的城市中，父母的旅行不再是行色匆匆，他们身边的孩子会让他们停下脚步，看看橱窗里的人偶，或者尝尝街边的小吃。孩子会兴高采烈地牵引着你走向新奇的世界，为你打开更美好的天地。

笑笑今年上三年级，她的父母每个月总是要抽出时间带她去各种地方玩耍。不管什么时候，这个三口之家总是很开心。笑笑的妈妈说，她跟着女儿玩儿，比之前自己玩儿的时候开心得多。她说第一次跟着孩子踏进儿童游乐园，整个人都陷在一堆泡沫球中的时候，感觉她也像一个孩子。那一天，她和另外几个家长玩儿得比孩子们还要闹腾。

父母把自己当成孩子，以这样的方式参与到孩子的交流中来，不管是学习时候的成就感，还是被肯定的荣誉感以及在相互交流中所得到的满足感，所有这些快乐的情绪，都是可以在父母和孩子之间相互感染的。甚至许多时候，父母反而会成为那个整天张罗着要去哪里玩儿的人，因为乐趣不仅是孩子有，父母在这方面会得到更多的满足。

周末，瑶瑶带着两个孩子去动物园，在半开放式的动物园中，游客可以根据自己的喜好购买统一的食物进行投喂。瑶瑶抓着孩子的手把胡萝卜喂给眼前的长颈鹿时，瑶瑶第一次近距离地看到了长颈鹿那双大大的眼睛，这是和以前走过去望一眼完全不同的体验，孩子笑得特别满足，瑶瑶也对这样的接触也感到惊喜万分。在天文馆，两个孩子时不时地赞叹着宇宙的神奇，在 VR 眼镜中，瑶瑶都不舍得眨眼，因为那触手可及的星辰大海对她来说实在是太有吸引力了。

在孩子成长的过程中，父母有许多事情需要考虑，比如分配给孩子的时间是否合理，给孩子的陪伴是否足够等。同时，父母也应考虑如何鼓励孩子主动思考、独立探索，善意地看待这个世界，并且学会保护自己。父母在陪伴孩子成长的过程中，会有欢笑，会有泪水，然后看着孩子渐渐长大，心生自豪和惊喜，这个过程就像回顾自己的一生。

父母如果是爱玩儿的父母，那么孩子也会成为爱玩儿的孩子，在互相影响的过程中，双方都在摸索，找到最适合自己的一条路。但是走着走着就会发现，互相之间的陪伴才是最重要的。父母在和孩子一起玩儿的过程中付出了精力和物质，但也收获了令自己大开眼界的新奇与快乐。父母在引导孩子思考问题的时候，也能认识到客观的自己。

陪孩子玩耍，也是陪自己玩耍，在繁忙的生活之外，为自己找到一片乐土。

自由发展的孩子才能更"自觉"

自由发展，要做到自由，也要注重发展。许多时候，父母分不清什么时候该让孩子随着性子去做事，什么时候该加以管束。在如今的教育中，孩子身上出现的问题让家长很是头疼，许多时候家长看不清孩子的天性，但有时候又会过分放纵。所以在管教和自由中，就必须有一个度，让孩子自己去做，并且做到自觉。

有的人说管孩子不能太多，有的人就提出难道不能过分管教吗？是否要为了遵循孩子的天性，就让孩子想做什么就做什么？事实上并不是这样，孩子的自由发展虽说是随着天性，但是父母要能分清事情的好坏。比如一个孩子爱看电视、爱打游戏，如果父母认为这是天性使然，放任孩子，那可真是害了孩子，这样的自由发展也不是真正的自由发展。

父母要看到孩子的独立人格、孩子的尊严和自由的天性，但是也要看到他们作为一个孩子，身上有各种各样的坏习惯和不足之处。孩子的自觉性不是天生的，需要家长不断地引导和教育，同时兼顾到孩子的天性。

小倩在 5 岁之前，几乎没有学什么文字，因为小倩的妈妈没有要求她必须学这些。5 年的时间中，小倩的妈妈带着小倩看图画、玩耍、认识新的事物。在别的小朋友识字的时候，小倩依旧沉浸在自己的世界中。身边的人担心小倩在幼儿园跟不上学习的进度，但是事情出乎所有人的意料，小倩开始对汉字、字母和书本产生好奇心，于是她自己询问生活中出现的字，并开始模仿这些字的写法，后来竟然可以自己读小故事了。

　　事情有些时候就是水到渠成，孩子在一定的阶段会关注到身边的事情，他学习不仅是为了家长和老师的要求，更是因为兴趣。他们渴望新的事物，他们想读书，就会主动认字；他们想画画，就会主动买笔。孩子的天性是对外界的认识，是对新生事物的探索。这个时候父母就要鼓励，但是也要学会控制。看电视的时候要控制，打游戏的时候要控制，相对的，孩子在一件事情上做的时间过长也要控制。许多家长见到孩子不停地学习，从来不加控制。因为在他们眼里，学习是对孩子有益的事情，但是，过久地进行任何一项活动都不利于孩子的健康。

　　想让孩子自觉，家长就应该让孩子学会适度。适度是数量的适度、时机的适度、欲望的适度，也有好胜心的适度。许多事情过犹不及，自觉不仅是学会该做什么事情，还要学会在做事情时有一个适当的把控。克制自己的需求，不管是好的还是坏的。不要因为一时的乐趣而自加负担，导致最后失去了探索未知的兴趣。适度的不满足和适度的觉得饿，才会把家常便饭当成美味大餐。直到未来的某一天，无意间就会发现自己已经养成了这样奇妙的学习需要。当孩子在一段时间内不吸收有效的知识，就会觉得"饿"。

　　小丽是小学五年级的学生，每天要写老师留下的作业，之后还要写妈妈给买的习题，直到晚上九点钟以后才能上床睡觉，周末要上补习班，还要学舞蹈。她的生活被安排得满满当当，在别人眼里，小丽是一个品学兼优的好孩子，因为作业不用催，补习班不用家长带，自觉性良好。但是在一次夏令营活动中，小丽被劝退了，因为小丽根本不知道如何跟小伙伴沟通，在小丽把一个小女孩推倒受伤后，家长才意识到孩子的成长出现了问题。

孩子的天性不能压制，在适当的年纪要做适合的事情。小孩子在成长的时候需要和外界接触，这样才能让孩子学会人际交往和处理事情。自觉是孩子自己养成的，是随着兴趣爱好和不断地重复养成的。孩子的自控力不是天生的，往往源于后天的环境，特别是父母本身是否信守承诺，是否以身作则。

自由发展不是任意发展，就像树苗的成长，风吹雨打或者灌溉培土，最终都是自己在成长。但如果任其枝丫随意生长，势必会让主干失去养分，所以适当地修剪一下枝丫，才会让树苗成长为参天大树。这一样给父母提出了要求，父母要学会信守承诺，这一点对孩子养成推迟满足感的习惯有着很大的帮助，要让孩子养成自律的习惯，就要让他们树立自律的意识，让他们拥有安全感，而父母的以身作则是最重要的影响因素。

用心呵护孩子的提问能力

孩子认知世界是靠五官和思想，就像任何人一样，每当进入新的环境，或多或少都会有许多的问题。对孩子来说，世界是一个万花筒，每一个地方都有他好奇的事情，每一天都会发生许多新鲜事。他在认知世界，也是在认知自身，既然是认知的过程，那么他一定会有疑问。解决好这些疑问，才能让孩子真正实现成长。

一般来说，不太爱提问的孩子或多或少都有些自卑，他们不太爱提出问题，尤其在课堂上和大庭广众之下。很多时候，孩子养成这样的习惯，跟家庭有着十分密切的联系。孩子处于对世界的懵懂期，他们一边渴望了解世界，一边又害怕世界，这个时候，他们的第一反应是向自己的父母求助，于是就会出现各种各样的问题，不管孩子的问题多么难以回答或者多么幼稚、荒诞，父母都不能敷衍或嘲笑孩子，而是要认真对待。

许多时候，父母在面对孩子的提问时不屑一顾，或者直接忽略。一方面是父母对这些幼稚的问题十分轻蔑，一方面也是因为家长不知道如何回答这些问题。于是父母选择了忽略，或者直接否定孩子的提问。时常会听见父母这样对孩子说："你怎么问题这么多，就不能安静一会儿吗？"长此以往，孩子不再向父母提出问题，渐渐地他们会在心中产生一种想法：自己的问题是愚蠢的，是不能提出来的。这样一来，孩子的天性就会被压制。

想让孩子学会发散思维，就要鼓励孩子多提问、多思考。父母必须为孩子创造敢于提问的氛围，培养孩子的质疑能力。这就要求父母对待孩子的态度要和蔼可亲，并且要热情地鼓励、积极地启发孩子敢于质疑，帮助孩子多提问，消除孩子的心理障碍，让他们有安全感，能形成和谐平等的问的氛围。

要让父母和孩子之间自由交流，才能让孩子感到亲切和温暖。作为父母，要多给孩子表达的机会，这样可以促进孩子提问题，自由发表自己的看法，慢慢地由不敢问转为敢问。父母要学会耐心倾听孩子的问题，当孩子提出问题时，父母不能漫不经心，不能挖苦讽刺，要成为一个倾听者，尊重孩子的想法，要让孩子觉得自己很棒。父母要学会欣赏孩子的问题，当孩子提出一个我们认为不能称其为"问题"的问题时，也应该加以赞扬，保护他们的童心。对于那些有价值的联想和提问，父母要给予充分的肯定，让孩子进行思考和讨论，这样能激发孩子的学习兴趣和主动性，提高他们的学习能力。

阿涛最近上课的积极性不高，上课懒散，不积极提问，只有老师点名的时候才会懒洋洋地站起来回答几句话。妈妈和班主任沟通后，回家问道："老师说你最近上课不积极，是怎么回事呢？"阿涛吞吞吐吐地说道："我上次问的问题太简单了，同学们笑话我。"

妈妈知道是孩子的自尊心受到了伤害，于是鼓励他说："他们笑也许是觉得有趣，并不是真正的耻笑。学习要不断发问，孔子都不耻下问，更何况我们呢？再说，你的同学们提问题的时候，你有没有笑过？"阿涛点了点头。妈妈继续说："那你当时看着他们站起来的时候，心中羡慕他们吗？"阿涛回答道："当然羡慕呀，老师还表扬那些积极提问的同学呢？"

"所以说，同学们在笑的时候，其实心里也是羡慕你的。因为你的勇敢提问，或许有的同学跟你有一样的问题，你也算是帮助他们说了出来。所以，你知道该怎么做了吗？"

"嗯，我知道了。"阿涛快乐地对妈妈说道。不久之后，妈妈发现阿涛变得积极了起来。

当妈妈发现阿涛对学习不是很上心的时候，并没有直面批评，而是通情达理地让儿子对提问产生了新的认识，帮助孩子卸下心理防御，这种做法是十分值得肯定的。父母要小心呵护孩子的提问能力，这种能力是他们在未来不断进步的阶梯。孩子在提问的过程中能学会思考，而父母也要鼓励孩子多思考，不仅要在生活中鼓励他们去思考，更加重要的是也要在学习上让他们多思考。告诉他课本上的知识大部分是正确的，但是也不能排除一些错误，老师讲的内容大部分是正确的，但是总会有疏漏的地方和不完全正确的地方。鼓励孩子在遇到不明白的事情时敢于提问，敢于怀疑，通过探索和老师、同学寻找解决问题的办法。

孩子跟着父母认识世界，从被迫到自愿，需要的是一个过程。父母把孩子带到这个世上，父母不曾经过他们的同意，那么就要在他们有疑问的时候，尽可能地解决他们的疑问。

懂玩耍的孩子才是真学霸

学霸这个词，如今已经成为大家的口头禅。许多父母在一起聊天的时候，都会说一些身边人的孩子，谁家的孩子成绩好，谁家的班里排名很高。然后这样的孩子就是一群父母眼里的好学生，也就是学霸。没有父母不希望自己的孩子成为学霸，毕竟在这样竞争激烈的社会中，学霸的出路相对来说要好得多。

父母想让孩子成为学霸是无可厚非的，但是在孩子成为学霸之前，先要让孩子懂得如何玩耍。玩耍这个词，在许多父母眼中也许是不务正业的代名词，因为有玩耍的时间，还不如多学习一会儿。但是对孩子来说，过分地压抑天性，只会让孩子的叛逆心理越来越强。好的玩耍必然是积极向上的，也是父母应该支持的。

孩子学着老师的模样在家里给朋友教授课程，抑或是根据哪个童话故事和小伙伴演戏。在这样的玩耍中，孩子能逐渐培养越来越多的兴趣，同时提高语言表达能力、社交能力等各项能力。不要小看孩子，很多时候，孩子天马行空的世界会让你叹为观止。

有这样的一家三口在玩儿扮演白雪公主的游戏，妈妈身上披着床单扮演王后，大女儿扮演白雪公主拿着道具仓皇出逃。小儿子装成会说话的魔镜，妈妈看着眼前的小魔镜，中气十足地说道："魔镜魔镜告诉我，谁是世界上最美丽的女人啊？"小魔镜回答道："是您，我的王后殿下。"一家三口玩儿得很开心，偶尔父亲会抽空和他们一起玩耍。两个孩子对这样的游戏乐此不疲，在这样的影响下，两个孩子的周末也变成了写小剧本的时间，孩子把自己的想法写在纸上，然后动手制作相应的道具，在这样的过程中，孩子们的创造能力和动手能力都在不断增强。

相比在高压力和题海中养成的学霸，让孩子在玩耍中获得学习的乐趣与动力更为有益。孩子在将来要认识的是世界，他们需要和社会沟通，而不仅仅是和书本对坐、动笔写练习题。学霸不仅是成绩上骄傲，更多的是要不断地学习。如果说阅读赋予我们知识，那么朗诵则让我们进一步体会到了语言的韵律之美。随着孩子生活阅历的丰富、知识的积累，每一次认识新事物都能让他们看到更加崭新的世界。

在孩子的成长过程中，学龄前除了对审美观念的熏陶养成，或许也会影响到孩子对科学的感知。孩子也许会很调皮，但是他们会在游戏中会变得更加有耐心，并懂得什么是规矩。

叮叮喜欢各种各样的拼接玩具，一开始只是简单、随意的拼插，但是现在他已经可以自己看着说明书组装复杂的玩具了。叮叮的父母在旁边看着，除了偶尔告诉叮叮有些字的读音，他们几乎不太插手叮叮的组装过程。叮叮则自己拿着螺丝刀和扳手，兴致盎然地进行组装，有时候组装对了，会一个人开心地笑，有时候遇到了难题，会紧锁眉头。在这样的游戏中，叮叮渐渐明白了杠杆原理、滑轮的使用、力臂的作用等。父亲在这个过程中扮演着讲解员的角色，只要叮叮有问题，他就会耐心地解答，并不断引导他提出更多的问题。

这样的玩耍更接近学习，或者说这样的玩耍才是真正的学习。不拘泥于课本公式，不拘泥于习题，从最根本的地方进行学习。孩子学习不是为了考试，不是因为家长和老师的压力，而是孩子自己对知识的追求和对世界的好奇。不管是积木还是拼盘，或者是大富翁游戏，孩子都能在游戏中找到乐趣，同时也会在游戏中发现问题，这个时候便是父母上场的时机。这也就是为什么父母需要和孩子一起玩耍，在教学过程中，父母一样能够学习到更多的知识，因为你需要重复回忆，并把你所知道的知识简单地说出来。

所有的玩耍都是有技巧的，而在这个总结技巧、实践技巧的过程中，既是推理能力与观察能力的过程，也是培养专注力的好方法。往往最好的"玩具"在生活里，生活和学习的道理则在"玩具"里。

在游戏中，孩子可以学会取舍，当游戏时间有限，便要根据实际情况来对想玩耍的东西进行选择。父母要在这个过程中充当引导人，引导孩子自主取舍，这对孩子来说有着至关重要的作用。除了知识，一定还有一些果断、坚韧、不辞辛苦的品质，是孩子在玩耍的过程中所能学会的。会玩耍的孩子，才能有足够的精力去学习，如果学习也是一场玩耍，那么学习将不再是枯燥的。

孩子能从玩儿的乐趣中引发对这个世界的好奇，又在探索解答好奇的过程中享受到钻研的乐趣。当观察、思考、积累渐渐成为他们的本能，他们会打开敏锐的触角，在第一时间内挖掘好玩儿的地方，并且会勇于结识好玩儿的人，去钻研好玩儿的道理，或者呈现出好玩儿的作品。这样的玩耍更能让孩子学会学习，这样的玩耍才能培养出真正的学霸。

学习是对这世界感兴趣

学习是对新事物的了解，是试着掌握新的技术，是试着发散新的思维，是试着提出新的问题。关于这个世界，我们有着急切的探知心理，不管是父母还是孩子，一生都在不断地学习。正如常言说的那样：活到老，学到老。因为人们要生存、生活，要适应时代、适应世界，所以就要不断地学习，去完成尽可能多的事情，让自己的生活变得更加美好。

学习在现在的思维里，或许就是上学以及报名参加各种业余班。父母逼着孩子学习，是因为竞争压力大，不敢不让自己的孩子"先跑"。即使是再开明的父母，面对孩子的教育问题时，还是不免要为他们选择最好的教育条件。

在孩子学习的过程中，父母也一样在学习。父母学着放手，孩子则学着走向世界。在相互陪伴的时光中，父母和孩子之间建立了足够的信任，会让彼此都有勇气来面对新的世界。

费利斯的父亲巴克尔出身贫寒，读书只读到五年级家里便让他退学到工厂做工去了。从此，世界便成了他的学校。他对什么都有兴趣，他阅读一切能够得到的书籍、杂志和报纸。他也爱听镇上的乡亲们谈话，以了解这个偏僻小村以外的世界。

巴克尔非常好学，那颗对外面世界的好奇心让他来到了美国。他下定决心要让他的每一个孩子都受到良好的教育。巴克尔要自己的孩子们每天必须学一样新的东西，而晚餐时间也成为他们交换新知识的最佳场合。

"费利斯，告诉我你今天学到些什么。"

"我今天学到的是尼泊尔的人口……"餐桌上顿时安静了下来。费利斯一向都觉得奇怪，不论他所说的是什么东西，父亲都不会认为琐碎。

"尼泊尔的人口。很不错。"接着，巴克尔看看坐在桌子另一端的妻子。"这个答案你知道吗？"

妻子笑着回答说："尼泊尔？我非但不知道尼泊尔的人口有多少，我都不知道它在世界上的什么地方。"这种回答正中巴克尔的下怀。"费利斯，把地图拿来，我们来告诉你妈妈尼泊尔在哪里。"于是，全家人开始在地图上找尼泊尔。费利斯当时只是个孩子，一点儿也觉察不出这种教育的妙处，但是他知道这是他展现自己的机会，这让他更加迫切地去了解更多关于尼泊尔的事情。许多时候，他开始琢磨，他要告诉父母更多他们不知道的事情。他对任何新事物都感兴趣，然后加以学习，渐渐养成习惯，把学习当作探索世界的工具。

要让孩子爱上学习，就要让他自己去探索，让他对新事物感兴趣，让他对世界感兴趣。孩子在世界面前就像一张白纸，他们迫不及待地去了解世界，从不掩饰自己的惊讶与迫切。他们热爱周末去郊区山林看绿叶红花和蝴蝶，会因为发现了新的植物和小动物而惊呼。孩子们会在天文馆和海洋馆被眼前的景象惊呆，从而迫切地去了解这些事物。

很多时候，总有一些孩子是在看到更大的世界与更多新奇有趣的事物之后，才萌生了别样的愿望。哪怕他们其中有的人坚持得异常艰苦，甚至中途改变，但是曾经所付出的努力是值得肯定的。喜欢文学的孩子会不断翻阅经典名著，喜欢动物的孩子会一本本地查阅动物百科，喜欢机械的孩子会热衷于组装机器人。孩子的未来都是值得期待的，他们在一开始所进行的活动是最真挚、也是最热烈的。

一些小朋友在睡前听父母讲童话故事，所以对阅读产生了浓厚的兴趣，慢慢地就开始自己学习拼音，然后开始自己看书。之后就会迫不及待地去摆脱拼音的束缚，去看没有拼音的书，在长时间的积累下，孩子学到的知识是无穷的。她开始模仿故事的剧情，在本子上写下属于自己的故事，这样一来，连课堂上的阅读理解也变得容易起来。小朋友的学习能力也在不断提升，对待学习也有了更多的理解。

学习这件事情不只是刻苦就可以的，因为在未来走得更远的人，多数是出于热爱。很多父母都想过一个问题：孩子是否会真正热爱学习。答案是肯定的。孩子会热爱学习，但前提是孩子要对新学到的东西有兴趣。做作业是教育必不可少的一环，时至今日，谁也不能否定作业的价值。事实上，我们很难让孩子爱上写作业，因为这对孩子来说是任务，孩子不厌烦已经不错了。与其去挑战让孩子爱上写作业这个不可能发生的事情，不如去寻找让孩子因为好奇而主动探索的方法。因为学习的确是一件辛苦的事情，孩子需要付出足够的精力和体力，但是因为好奇所产生的兴趣，会在一定程度上成为克服辛苦的力量源泉。

快乐学习不该是懒惰的托词，也不是父母推卸责任的借口；相反，快乐学习应当是在学习过程中，因为不断地提出问题、思考问题、解决问题而获得的巨大成就感和无限快乐的一种学习方法。父母要做的就是坚持陪伴他们长大，引导孩子善意地对待学校、老师、同学。孩子的成长是艰辛的，过程中有欢乐也有泪水，但是他们在坚持自己的路，这一路上父母应给他们帮助，为他们祝福。

千万不要小看了动画片

动画片对现在的孩子来说是不可或缺的，一方面是受到周围孩子的影响，另一方面也是因为越来越多的动画能够带给孩子很多益处。许多父母认为看动画片会耽误孩子学习，耽误孩子进步，实际上好的动画片不仅能让孩子学到知识，还能让孩子明白很多道理。

动画片色彩鲜艳，情节生动活泼，给孩子的生活带来了巨大的欢乐，成为孩子最好的玩伴之一。好的动画片带给孩子的乐趣很多，不仅是陪伴，更多是其中所传递的信息，所以父母不要小看了动画片。有一些父母认为动画片没有营养，但是事实上，孩子们很小的时候学会的知识正是从动画片中吸取而来的。

动画片对孩子的成长有积极的作用，它能促进孩子思维能力的发展。因为动画片是围绕着一个特定的主题来刺激孩子的思维的，所呈现出来的画面融合了现实与虚拟的世界。另外动画片里面的故事和画面充满了奇思妙想，符合孩子年龄阶段的特点，也方便孩子理解动画片的内容，对孩子想象力的开发有着重要的作用。更为重要的是，动画片中蕴含的道理是简单的，简单的道理有利于孩子去理解和记忆。

小伟每天都准时看少儿频道的动画片，刚开始的时候，妈妈还跟着一起看，每次刚好到动画片结束，就给孩子关了电视。后来，小伟自己会到了动画片结束时间主动去关电视，对于这一点妈妈很是开心。更让妈妈感到惊喜的是，有一次幼儿园举办展览活动，让小朋友参加，小伟兴致勃勃地参加了，然后回家和妈妈说自己要做一个纸箱子机器人。妈妈很是惊讶，但还是很快和爸爸给孩子找了纸箱子，小伟在白纸上画好图样，让爸爸妈妈帮忙裁剪，最后拼接起来，居然还有模有样的，最后在活动中得了三等奖，小伟特别高兴。后来妈妈才知道，小伟每天看的动画片中的人物都是机器人，他们就是可以拆卸的，所以小伟突发奇想要做一个。对此妈妈很是开心，此后也经常鼓励孩子自己动手。

孩子拥有较强的接受能力，动画片中的内容对他们来说有着很强的可学习性。动画片还能扩充孩子的词汇量，提高孩子的倾听能力。更为重要的是，动画片能给孩子带来快乐的情绪。动画片色彩强烈，音乐动听，氛围较为轻松愉悦，所以很有利于孩子的身心发展。

幼儿园老师平常有空的时候，总是会给孩子们放动画片，其中大多数是简单的动物，但是老师会告诉他们这些动物的名字。日积月累下，孩子们学会了很多。笑笑每天回家都给妈妈说今天在幼儿园学到了什么动物，说自己想去看看动物。妈妈于是在星期日带着笑笑去了动物园，让笑笑看了之前在动画片中看到的动物。笑笑会和小伙伴分享，说自己看到了哪些动物。妈妈也会给笑笑买一些动画光碟，并且会合理控制笑笑看电视的时间，在这样的培养下，笑笑不仅养成了良好的习惯，学习能力也提升了不少，老师还经常夸奖笑笑。

孩子在动画片中能够学习到的东西有很多，动画片能够帮助孩子更好地看待世界。但是，动画片的世界是虚拟的，孩子所在的世界是真实的，这个时候就需要父母学会引导孩子对动画片中的事物的认知，要让孩子们知道虚拟和现实的不同，使孩子能够正确地看待世界。父母作为孩子的监护人，要看到动画片的好处，也要明白动画片的缺点。长时间地看动画片会减少孩子接触大自然、进行户外活动的时间，更为重要的是，有些动画片会导致孩子产生攻击性行为和暴力倾向。

　　孩子要在父母的监护下选择性地观看动画片，父母要注重动画片的选择，选择具有教育意义、能让孩子学习到具体知识、提高孩子认知能力、开阔孩子视野的动画片。让孩子从小形成好的品质习惯。在看中学，在学中做，这样才能培养出真正优秀的孩子。

陪伴孩子进行有趣的晚上生活

通常晚上是比较自由、私人的时间，对孩子来说也是如此。除了做作业，孩子的晚上时间应该如何安排，也是许多父母关心的问题。父母可以和孩子一起划定一个共同的时间段，在这个时间里共同或分别完成一些有益的事情，这样更有利于孩子充实地度过晚上的时间。

现如今不少家庭都已经是两个孩子，因为出生时间的先后不同，会导致父母在分配给孩子的时间时有一些偏颇。而孩子之间因为玩耍时间的不均匀，也会时常出现争吵。特别是家里有还没上学的小孩子，而大一点的孩子因为上学，会结识到新朋友，有自己的学业，于是在家的空闲时间随之减少。小孩子因为长时间和大一点的孩子玩耍，在这样的情况下，就会产生失落感。

面对上述情况，父母不妨把孩子的晚上时间整合起来。可以开辟一块专门的区域让大一点的孩子写作业，让小一点的孩子堆积木，自己可以做一些闲散的工作。把晚上的时间利用起来，长此以往，就可以让孩子养成良好的习惯。家庭的培养，除了要让孩子在家坐得住，更重要的是要让孩子在学校坐得住。父母要循循善诱，让孩子们知道自己要做的事情，告诉他们父母要做自己的工作，你可以吃东西，可以看书，但是不能大声说话，因为会影响到父母工作，也会让哥哥或者姐姐的作业写不完。对于小孩子，要给他们安排合适的活动，加上家长的督促，让他们渐渐养成安静学习的习惯。

自习课是一个独立的时间，一起进行是为了培养更好的纪律性，也是为了互相督促。这样的坚持大部分的时间要靠父母，父母要成为孩子们的榜样，以身作则。一方面可以让自己有一个环境进行阅读或者是处理事情；另一方面是为了让孩子们渐渐习惯放学回家后能用一小时先写完作业再玩耍的节奏。时间长了，孩子会喜欢上这种坐在灯下、阅读、写字的静谧时光。小孩子也会受到影响，看见大人和哥哥姐姐在工作和学习的时候，会自觉放轻自己的步伐，有时候也会站在旁边好奇地观看，这对小孩子来说也是一种进步。

小刚的爸爸、妈妈总是陪他去新华书店或超市书店看书。爸爸、妈妈平时也给他买了很多喜欢的书让他诵读，所以小刚很小就养成了读书的习惯。因为小刚才上一年级，很多字还不认识，就叫妈妈晚上睡觉前读给他听，或者自己根据拼音读，小刚喜欢的书有很多，比如《安徒生童话》《十万个为什么》《小猪唏哩呼噜》等。从这些故事里，小刚能学到很多东西。因为父母和书本的教育，让小刚养成了好习惯。后来渐渐的，家里也多了晚上的读书活动，妈妈会在书房写剧本或者看书；爸爸在客厅读报纸或者办公；小刚也从善如流，先做作业，然后看自己的书。在远离了电子产品和游戏的时间里，一家三口用原始的读书活动，让家庭生活变得更加悠闲。而小刚也知道了什么事情都要靠自己，每天的作业自己独立完成并自己检查，书包自己整理。自己能做的事尽量自己做，而每天必做的就是读书。

在孩子安静下来的时间里，父母也能被孩子影响，而父母在这个过程中也能起到督促作用，比如在孩子失去耐心的时候辅助一下，或者转移一下注意力。家人是互相影响的，不管是在学校的影响还是在家中的影响，许多事情都需要互相照顾。实际上，大家能够坐在一起进行思考、讨论以及所有那些静谧夜晚里的相互依靠，也不过是每天夜晚的一两个小时罢了。虽然时间不算是太久，但是家庭的亲情和温暖能够把一天的疲惫和抗拒消除，有足够的温存，家人才能专注。

伴随着家人对自习的努力和坚持，我们也愿意相信，学习的时候专注高效、集中完成，恰好是为了玩耍时的心无旁骛，能够全身心地投入。

大卫有两个小孩，一个 5 岁，一个 7 岁。有一天晚上，他正在教 7 岁的孩子凯利怎样使用剪刀修剪花木，他正教孩子如何把枝叶斜着剪掉的时候，妻子叫他去问事情。大卫转身回答问题时，凯利把剪刀伸向了一旁开得正好的郁金香……

大卫回头发现郁金香被剪掉后失控了，因为他花了很长时间、费了很大力才培养出这些令邻居们羡慕的郁金香花圃。当他开始对儿子提高音量后，妻子很快走到他身边，把手放在他的肩膀上，说："大卫，请记住——我们在养小孩，不是在养花！"

妻子的话让大卫知道，养孩子需要耐心。晚上的时间本来就不宽裕，如果因为这件事情让整个晚上都变得不开心，实在是太不值得了。花已经死了，再责备孩子又有何用？

晚上的生活不可避免会出现各种各样的问题，或许你原本计划好的事情会被打乱，然后你暴跳如雷。但是做父母的要记住，晚上的生活来之不易，不要让它影响了整个晚上，更不必说还有第二天的早上。陪伴孩子度过美好的晚上生活，父母更多的是要控制自己的情绪，并为这个计划埋单。

父母在工作日的晚上或者周日下午没有辅导班或者外出安排的时候，就可以和孩子坐在一起写字、聊天。让大一点的孩子帮助小孩子学习，或者玩儿一些益智游戏。父母要参与进来，作为参与者而不是作为裁判，让孩子们自己在各自的认知领域愉快地达成共识。父母作为旁观者，要接受他们的坦诚表达，这样就能看到他们的进步和成长。

晚上陪读不是必要的，但是它可以成为一种生活方式，它能帮助孩子完成作业，也能帮助家庭成员交流感情，更加重要的是，它能在时间很紧张的情况下给家庭一片温暖，让家人能歇息一下。

阅读本该随意

　　读书不仅是为了学习，更多的是让孩子在阅读中找到一份宁静，而这份宁静对他们的成长是重要的。父母不能够陪着孩子走完全部的一生，朋友来了也会走，所有的相逢都有可能只是偶遇。能够丰富灵魂的只有自己，书本作为灵魂的营养品，要由孩子自己翻开。

　　许多父母会给孩子买书，童话书或者绘本，或者其他少儿书，不管怎样，初心总是好的。但是有时候父母还是会下意识地替孩子选择，这样做真的好吗？其实，阅读很多时候不必带着很强的目的性，其本身是一件很随意、很放松的事情。父母要知道，润物细无声的影响常常会胜于刻意强加的推荐，简单地说，就是要让孩子随意阅读。不管是内容还是形式或者是孩子读书的时间、地点，这些条件都可以是随意的。

　　叮咚的妈妈在叮咚 8 个月大的时候就给叮咚看图形书，但是叮咚更热衷于咬、撕书本，或者拿着笔在上面乱涂乱画。在叮咚 10 个月大的时候，妈妈开始给她认识图卡片，但是叮咚依旧喜欢随意翻看，让她安静下来认字实在是一件困难的事情。后来叮咚再长大一点，就能看看绘本，但她的天性就是乱翻，于是叮咚妈妈经常看见满地的乱书，索性她也就懒得整理，把所有的书放在了书柜的最下面。经过这样的放置后，叮咚每次看书也就成了十分随意地翻看，看见哪一本顺眼就拿出来看，时间长了，叮咚妈妈就根据书本的新旧程度，知道了孩子的兴趣点在哪里，给叮咚买书也不那么盲目了。

随意阅读是让孩子能在尽可能大的范围内享受阅读，接受阅读。在孩子上小学的时候，不可避免地要接触到符合他们圈子的文化和流行符号。也许在父母的眼里，那些文化是非主流的，是不符合正确的定义的，也许是无营养的，但在孩子的圈子中，这些文化是孩子们交流的必需品，是他们圈子的通行证。反正，孩子的身边还有足够多美的人、美的事、美的书，所以偶尔读一些通俗风趣的书，也是大可随意的。

孩子们在父母的陪读过程中，会渐渐地发现父母的推荐是诚意满满的，而且是有可取之处的，也确实是符合他们接受能力的，并且这样的书是不急不躁的书，终有一天，孩子们会有属于自己的兴趣和审美，且这份兴趣和审美未必离你的希望太远。只要孩子能够跟随父母一起观察、倾听、尊重公共秩序，阅读这件事情就会更加随意了。玩儿累了可以在附近的图书馆转转，给孩子创造读书的机会，望着满是书的书架，孩子的心自然会沉静下来。只要能够巧妙地利用多余的时间，父母就能和孩子建立起相对稳定的阅读时间。

阅读本身是一件随意的事情，不必强求时间，也不必强求是什么书本，在能够停下来的时间里进行随意的阅读是一件快乐的事情。旅行也可以带上书，走之前带上一本和目的地有关的，或者和沿途风景有关的书。很多时候，我们的阅读更像是随兴所致，在书店、在阅览室、在文艺范儿的独立书店、在邮轮的甲板上，或者是在火车的车厢，都可以成为阅读的环境。

宁宁妈妈在宁宁很小的时候，就会给孩子读绘本，时间充足的时候就声情并茂地朗诵。宁宁若是着急睡觉，妈妈便直接提炼纲要进行简单的说明。慢慢地，根据商量好的时间，宁宁如果在晚上八点半前上床，就可以听三个故事；如果在九点前上床，则可以听两个故事；如果九点半才上床，就只能听一个故事。

事实上，陪孩子阅读、鼓励孩子阅读不只是睡觉前的安抚，它更多的是一种需求，不吃饭的时候会饿，不喝水的时候会渴，不阅读的时候就会心里空虚。随着孩子年龄的增长，许多儿时的玩具已经成为尘封的记忆，但是书籍不会。

阅读中得到的东西，很多时候比父母说出来的话更加有感染力，因为孩子更加相信自己从书籍中直接获得的判断和认知。他们在阅读中获得知识，在经过他们自己的消化后会成为自己的认识。不管父母和老师把道理说上千万遍，都不如孩子自己沉浸在文艺作品中，自己心甘情愿地认同。读好书，让阅读变成孩子生命中至关重要的一部分。

让阅读成为习惯，也会让孩子在课堂上的发展更加快速，随着阅读量的增多，总有一天，曾经磕磕绊绊的孩子会看懂所有题目，其中一部分孩子会爆发出惊人的加速度，他们会变得优秀、变得突出。在开始的随意阅读中，其实都包含着父母对图书的筛选、从相伴到放手的过渡以及许多看上去随意但其实在意过的小心思。阅读的路很长，眼前容易让人头疼的求学阶段不过是被动学习的开始，未来的主动阅读与主动学习才是奠定个人趣味的基础。在孩子学会如何学习之前，要让他们随意、试探地接触更多未知的东西，在高兴的时候和高兴的人在一起，以高兴的方式读让自己高兴的书，爱上阅读这件事情，是自然而然地养成的。

拒绝粗暴，"狼爸虎妈"
不等于好父母

教育孩子是一个人生历程，孩子在成长，父母也在成长。教育好孩子，不是靠粗暴的行为，不是靠吼叫，这些方式即使在当时初见成效，但是等到孩子长大，他们对你不是感激，而是批判。孩子是父母带来世界上的，但他们也是独立的个体，父母可以帮助他们走一段路，可未来的路还是要他们自己走下去。

教育孩子只能说服，不能"压服"

　　孩子有着自己对事物的理解，而这些理解决定着他们的成长，父母所讲的大道理以及在粗暴情绪下进行的行为，暂时能让孩子屈服，但是永远压制不住孩子内心真正的想法。教育孩子，要说服他们，但是说服不仅靠言辞和父母强硬的态度。

　　有时候，父母会发现自己也是跟孩子平心静气地讲话，说自己的见解，但是孩子依旧固执，坚持他们的意见。于是在三番五次之后，父母开始发脾气，斥责孩子，更加严重的会打骂孩子，让孩子按照自己的想法去做事，最后发现孩子和自己越来越远，互相之间的隔阂越来越深。

　　媛媛从冰箱里拿了一个鸡蛋在玩儿，一不小心掉在了地上，蛋液洒了一地，媛媛爸爸并没有责骂她。也没有讲大道理，只是跟她说要自己清理干净。媛媛说不会，而且一脸的不乐意。爸爸虽然很生气，但还是走了过去，蹲了下来。把纸巾放在面前，告诉媛媛说要先用纸巾吸，然后用抹布擦干净。媛媛学着爸爸的样子自己做，清理了很长时间才清理干净。当媛媛知道了承担后果后，也记住了这一次的教训，再也不去冰箱里拿鸡蛋玩儿了。

　　如果孩子自己承担了犯错的后果，那么他们一般不会犯同样的错误，因为他们会自己纠正自己的行为。父母的教育方式要随着孩子的成长而作适当的改变，当孩子习惯了父母的某种管教方式后，就会产生叛逆的心理。心理学告诉我们，孩子生活中的首要欲望就是要母亲为他服务，为他操心，所以孩子会千方百计地"控制"母亲，获得关注。如果正面的行为没有得到足够的回应，就会采取反面的行为来获取母亲的关注，这也是孩子在一定时期会和父母对着干的原因。

所以，除了说教，父母还要让孩子在现实面前低头，往往现实的说服更能让孩子印象深刻。很多时候，父母会过度地保护孩子，以至于让孩子失去了承受后果的机会，结果孩子永远不会真正长大。只有他们真正承受了一次后果，才能刻骨铭心。

微微的姑姑来微微家里做客，一家人说晚上要去吃烧烤，微微特别开心，这个时候妈妈说烧烤不能多吃，吃多了会肚子疼。爸爸发现微微一个字也没有听进去，脸上全是向往烧烤的表情。等到一家人出去吃饭，他果然样样都要来一点，妈妈本想说些什么，但是被爸爸拦下了。果然，第二天，微微的肚子不舒服，和爸爸说道："爸爸，我肚子不舒服。"这个时候爸爸才说："知道为什么吗？"微微摇了摇头，爸爸说道："昨天是不是吃东西吃坏了肚子。"微微这个时候才意识到是自己的问题，爸爸看着微微认错的态度，才给微微安抚。后来，微微每一次吃烧烤食品的时候，都懂得了要适度。

案例中微微父母的说服方式，比直接阻止微微吃东西有效得多。对于孩子的错误行为，父母很多时候采取的方式都是压服，他们会严厉地斥责孩子，如果孩子反抗，父母和孩子之间就会发生肢体冲突，最后往往都是以孩子的哭闹结束，父母再来收拾局面。孩子的成长是父母的一次修行，面对犯错的孩子，父母不能只是发火，而是要控制好自己的脾气，平和地帮助孩子，只有父母真正足够强大，才能接纳孩子并且引导孩子去承担后果。

压服孩子，往往会造成孩子在天性上的缺失。因为在家庭中，母亲往往承担了更多的教育和照顾孩子的责任，但是有时候母亲过于强势，反而会影响到孩子性格的形成。奥地利著名心理学家阿德勒有一个精彩的论断：假如母亲较富于权威性，整天对着家里其他人唠叨，女孩子会模仿她，变得刻薄挑剔；男孩子则始终站在防御的地位，怕受批评，尽量寻找机会表现他们的恭顺。因为当母亲总是指责、批评丈夫时，其实就是在指责一切男性，儿子作为男性必然会跟他的父亲一样躲在无人的角落。所以会造成孩子先天性性格的缺失，过度的压制无非会造成两种后果，一种是强烈的反抗，一种是无条件的顺从。

琪琪的妈妈最近很烦恼，因为她发现了一个问题，琪琪每次犯错后就会说"对不起"。不小心把水洒在了地毯上，会说"对不起"；不小心把东西打翻了，会说"对不起"；吃饭吃不完了，也要说"对不起"。琪琪总是小心翼翼的，时刻都很紧张，于是琪琪妈妈就问孩子，为什么总是要说"对不起"，孩子才说因为怕妈妈生气。原来，每次琪琪不顺着妈妈的意思去做事情，妈妈就对琪琪大吼大叫，甚至会动手教训琪琪，才导致琪琪现在做什么事情都先要对妈妈说"对不起"。因为她担心自己的过错会招致惩罚，为了逃避惩罚，总是小心翼翼地做事。

父母教育孩子，不是禁止孩子去做，而是要引导孩子学会如何去做。当父母信任孩子、理解孩子，而不是一味地管教孩子时，孩子的自我就会被激发出来。即使再小的孩子，都会有一颗敏感的心灵，父母的正面鼓励以及榜样作用都会激发孩子好的一面。教育孩子是父母和孩子共同成长的过程，父母要关注孩子的情绪，要帮助孩子学会用正确的方式发泄情绪。在教育孩子的过程中，其实更多的不是如何管孩子，而是要管好自己，不断地观察自己的内心和行为，以身作则，切身地去感受孩子的想法，这才是对孩子最好的管教。

总吼孩子是一种病，得治

有相当一部分父母不能很好地控制自己的情绪，当孩子的某些行为触碰到他们自我设定的底线时，他们下意识的反应就是愤怒和吼叫。父母也许还会对自己说，我那是希望我的孩子好，不然谁管他，谁冲他吼叫。

随着时代的进步，许多父母已经意识到，打骂不是唯一能教育孩子的方式，而单纯的体罚也已经很少了，父母们在管教孩子上有了新的认知。可是在这样的情况下，并不是所有的父母都找到了好的教育方法，很多人依旧会疑惑，会迷茫：孩子出了问题不能不管，但又不能管太多，究竟该怎么办才好呢？在这样的矛盾下，父母会渐渐失去自己的理智，然后把吼叫的方式拿出来，成为新的管教孩子的方法。

很多父母都有这样的感受，其实孩子很多时候无辜地充当了父母情绪的出气筒。在坏脾气的控制下，我们往往忽略了事件的本身，任由伤害一步步升级。在大部分吼骂的反省中，可以看出一个共同的情形：有时候孩子本身没错，往往是父母情绪失控而已。由此而产生的吼叫便是一种"病"，父母需要对这个"病"进行治疗，要了解孩子的内心，也要看清自己的内心。

从前，有一个很喜欢发脾气的小男孩，他总是因为一些事情而大发脾气，不是摔坏了玩具，就是和小伙伴吼叫。有天，男孩的父亲给了他一大包钉子，要他每发一次脾气，都要在后院的栅栏上用锤子钉上一颗钉子。过了一周后，父亲和小男孩一起去栅栏上数钉子，一共有几十颗。过了一个月，小男孩渐渐地学会了控制自己的情绪，不乱发脾气了，栅栏上钉子的增加速度也减缓了许多。

后来，父亲告诉孩子："如果你能一整天都不发脾气，那你就可以从栅栏上拔一颗钉子下来。"在男孩的坚持下，栅栏上所有的钉子终于都被拔下来了。事后，父亲拉着男孩的手到栅栏边，说："儿子，你做得很好。但是你看，就算你把钉子全拔下来了，但栅栏上那些被钉子扎的密密麻麻的小孔却无法复原，栅栏再也回不到曾经那漂亮精美的样子了。当你向别人发脾气时，你说过的话就像是钉子，扎到了别人心中的栅栏上，就算你后来认了错，把钉子拔了出来，依旧会在人们心中留下伤口。"小男孩认真反思了父亲的话，终于知道了自己的行为是不可取的。

小男孩乱发脾气的行为是错误的，但是如果父母也用吼叫的方式来教育他，结果只会适得其反。案例中的父亲十分聪明，不吼不叫，用钉钉子的办法让孩子自己明白了吼叫的坏处，父亲就像一个医生，在给孩子"治病"。在现实生活中也是如此，父母的吼叫就像扎在栅栏上的钉子，而孩子就是可怜的栅栏，即使父母事后道歉，孩子也原谅了你，但是事实上孩子的内心已经受到了伤害。

教育孩子是一个漫长的过程，更加重要的是，教育孩子是父母不能逃避的责任。但是，如果父母期待用吼叫产生的震撼来教育孩子，这是可笑而可悲的，这绝对不是教育的正确打开方式。也许在很多父母眼中，吼叫是父母惩罚孩子之前的提醒，但事实上，吼叫本身就是一种体罚方式。在一个家庭中，当孩子在不断地接受这些负面情绪时，他也将会被这些晦暗的色彩所浸染，而且这种伤害还不是短暂的，而是长期的。就像一张白纸，上面渐渐地沾上了灰尘，时间长了，就清除不掉了。

总是吼叫孩子，也许在将来的某一天，你会看到同样的自己出现在你的面前。现在在你失控的情绪下对孩子造成的伤害，将来培养出来的只会是另外一个你。他和你一样对自己的情绪难以控制，并会用你对待他的方式去对待你以及他身边的人。尽管很多时候，父母知道要克制自己的脾气，但是效果并不好。仔细回想，就会发现这其实跟自己的童年息息相关，父母的为人处世、情绪表达无不影响着我们性格的形成。脾气火暴的父母会养出脾气火暴的孩子，性格温和的父母会养出性格温和的孩子。

欣妈是职场女强人，管理着一家文化传播公司。白天，欣妈在公司高速工作，果断决策。可精力总是有限的，再怎么斗志昂扬，一天的繁忙过后，欣妈也会觉得疲惫不堪。一天，欣妈拖着疲倦的身体回到家，打开门一看，读五年级的儿子正在客厅看电视，很是投入，连妈妈开门进屋了都浑然不知，欣妈顿时就火了："我这么拼，这么累，为谁呢？还不是为你，想给你更好的生活啊！你看看你，你都五年级了，看电视还能迷成这样啊！就你这样，还想考重点初中呢！你以为重点的门槛这么容易进呢，真是做白日梦……"孩子被妈妈连珠炮般的话语攻击了一番，灰溜溜地躲到书房去做功课了，欣妈却觉得这番咆哮效果不赖，因为孩子马上乖乖地去学习了，且之后很长时间都没再碰电视。后来，欣妈的儿子倒是考上了重点初中，可和妈妈的沟通越来越少了。

在父母的吼叫中，孩子可能会暂时妥协，但是埋下的祸根却很可怕。孩子不再愿意和父母沟通，他们会渐渐地失去对家庭的思念，甚至很多时候，孩子成长都是为了离家远一点。这是一种很失败的教育，父母在短时间内让孩子按照自己规划的路线走下去，但是等到了一定的阶段，父母会发现这样的孩子并不是你所想让孩子成长的样子。孩子宁愿沉默也不愿和你沟通，和你越来越远，直到有一天你幡然醒悟，但是时间已经不会给你任何机会，孩子长大了，而你也变老了。等到你沉下心想和孩子谈谈的时候，发现孩子已经没有足够的时间，或者他们已经不常常回家了。

为了我们和孩子共同的将来，请努力管理好自己的情绪，不要将教育演变成吼叫，不要让孩子对我们锁上心门，对我们心怀恐惧。

讽刺挖苦要比打骂后果更严重

喜欢吼叫的父母不能和孩子好好沟通，因为他们会把自己的注意力放在如何释放自己的怒气上，口无遮拦，尽情发泄；孩子的注意力则全在父母愤怒的模样上。所以，吼叫之下的沟通没有任何意义。更为严重的就是，父母的讽刺和挖苦比打骂的后果更加严重，因为讽刺话语的心理暗示远比直接的打击更为可怕。

有句话这样说道：岂不知甜言与我三冬暖，恶语伤人六月寒。也就是说，言语的力量在很多时候对人心的伤害，要远比直接的粗暴行为更加可怕。语言能成为伤人的利刃，那些尖酸刻薄的话语只是让说者感到一时痛快，却会对听者带来难以估量的影响。

一位已经成为妈妈的女士回忆她的童年："小时候妈妈一直要求我做什么都要做到最好，但是我确定自己不是能力很强的人，小学时还是没问题的，初中也就勉强够格。到了高中，就已经算是应付差事了。但是妈妈觉得我这都是自己不努力的结果，所以我每次成绩不好的时候，她总是对我怒吼。直到现在我依旧记得妈妈对我吼叫的话，她说：'你怎么这么没出息，人家都能做到，你怎么就不行。妈妈这么辛苦，省吃俭用，都是为了让你能好好学习，你学习这么差劲儿，对得起我吗？我看你将来就是个要饭的命，早点回家种地去吧，等以后人家都上去了，没人会理你这样的，都看不起你。看你怎么办。'我一直记忆犹新，她瞪着眼睛，尖着嘴，指着我吼叫。尽管那个时候我已经比她高了，但是她说出这些话的时候，我觉得自己是一个没有用的人。重点是，她每次骂我都会这样说。"

这位妈妈在后来的上学期间，不再愿意尝试新的活动，总觉得自己什么都不行，变得胆小，变得不敢迈步，不愿意接触陌生人，性格十分孤僻。

孩子小时候听到的来自父母的尖酸刻薄的话语，会对孩子的一生产生负面影响。这些话语会让孩子失去勇气和自信，这是无法弥补的。父母对孩子尖酸刻薄的话语，会磨灭孩子的灵气与勇气，将孩子推入不自信、怯弱的深渊。

很多父母喜欢给孩子贴标签，往往是在不经意间，等到父母察觉的时候，孩子可能已经受到了很深的伤害。父母如果不及时发现并改变，就会让孩子的自我概念中融入父母贴上的这些标签，影响着他们对自己的正确评价。当父母生气的时候，需要教育孩子的时候，选择沉默远远要比口不择言明智得多，父母永远不会知道你说的哪一句话是导致孩子未来发生巨大转变的重要原因。哪怕你对孩子的表现不甚满意，也要控制自己，如果你说不出来更委婉的话，选择沉默一会儿也要比用尖酸刻薄的语言去伤害他更能让他接受。

曾有这样一个故事，几个老朋友年末聚会，一个朋友在饭桌上说曾经的一个小学同学最近被人追债，结果打伤了人，被拘押了。这个时候，饭桌上的另外一个朋友说道："我知道他，小时候总是一起去抓鱼。不过印象最深刻的还是他妈妈，说实话，我就没有见到他妈妈笑过。每次见到他妈妈，总感觉是在发脾气。"事实上，那个同学很小的时候，他的父母就离婚了，他跟着妈妈过，他的妈妈压力很大，脾气火暴，常常跟人抱怨孩子不听话，偷懒，还说他和他爸爸一个样子，很笨，不指望他好好读书了。可是那个时候，这个孩子在班里的成绩非常好，由于家庭的变故，加上妈妈的否定，让他渐渐失去了对学习的热情。后来这个孩子自己也说自己太笨，不是读书的料，最后跟着校外的小混混一起玩耍，中学还没有毕业就退学了。

案例中母亲的话已经成为最为尖锐的刀，它刻在孩子的心上，以至于让孩子渐渐失去了信心，也渐渐改变了人生的方向。如果没有这些话，孩子也许能考上重点大学，如今和一群好友聊着最近的金融新闻，而不是因为生活所迫被人追债，最后把自己送进了监狱。孩子会积极地寻求赞许，渴望得到认可，他们在自己独立的时期中，对外界有着很大的不确定性，这样的不确定性让他们想要获得来自父母的肯定。从心理学上来说，父母以积极向上的态度来对待孩子、暗示孩子，孩子就会朝着积极的方向前进；相反，如果对孩子存在偏见，或者总是说些负面的话，孩子就很可能朝着相反的方向发展。

很多人误认为话语的尖锐对孩子有警示效果，但是事实证明，很少有孩子能从父母情绪化的恼怒和嘲讽中获得成长的力量。理智平和的话语才能让孩子信服，孩子才会更加乐于接纳，学习怎么在平静的状态下让孩子接受教育，这才是父母应该掌握的智慧。所以，与其主观地给孩子贴上一些标签，不如真正地陪伴孩子成长，引导孩子认识到他所犯的错误，让孩子知道，这样的错误是可以解决和避免的。少一些责怪，多一点鼓励，这样才能让孩子在未来成为一个真正优秀的人。

"爆炸"边缘，不如转移视线

每个人都有自己的脾气，因为控制不住，也是因为自己需要发泄口。脾气就像活火山，有时休眠，有时喷发。坏脾气一旦上来，就像那喷发出来的火山岩浆一般，灼热滚烫，让人难以招架。对孩子来说，父母的暴躁情绪更是能在这个时候成为让孩子窒息的火山。

没有一个家庭不会出现争吵，因为孩子不可避免要犯错，夫妻之间不可避免地会出现意见不合。这个时候，争吵会成为解决问题的重要方式。但是面对孩子的争吵，往往会给孩子留下心理芥蒂。这个时候，就需要父母适当地转移自己的视线，引导自己的情绪换一个方向。

宽容和忍耐是这个世界上的奢侈品，如果每个人都为了家庭、孩子和自身去学习如何控制情绪，我们的家庭必定会是个温馨安宁的港湾。当自己脾气暴躁的时候，可以按照几个小方法来控制自己的情绪，顺带转移视线，尽可能地让自己的脾气不对孩子发出来。

首先，可以尝试深呼吸，进行自我暗示。深呼吸作为忍住坏脾气最简单的一个方法，在重复进行的过程中，能够让自己的心情缓和一些。这是因为深呼吸能够吸进更多的氧气，让你的神经系统舒缓起来，你就可以有更多的时间去思考当前的问题。

其次，暂时离开现场，这是最直接的办法，有些时候需要父母双方配合，当母亲和孩子针锋相对的时候，父亲必须要及时出场，带孩子暂时离开，或者把妻子带离现场。

　　妈妈下班回家，发现女儿并没有在房间写作业，而是在厨房关着门忙碌。妈妈推开厨房门，发现一地的菜叶，灶台上有各种调料，洗碗池里还有洗洁精的泡沫。女儿因为被妈妈开门的声音吓了一跳，手里的小碟子掉进了洗碗池。妈妈控制了一下情绪，问道："你在干什么？"女儿小声回答说："今天，我想给爸爸妈妈做顿饭，不过我太笨了，一直弄不好。"妈妈原本糟糕的心情在听完女儿的话以后，一下子变了，她上前抱了抱女儿，然后开始和女儿一起收拾厨房，顺便教女儿最简单的菜谱。

　　试想，如果当时妈妈没有忍住，孩子一定会先受到训斥，妈妈也许会质问孩子为什么不好好写作业，为什么来厨房。也许孩子还没有来得及解释，就被妈妈拖回了房间。很多时候，我们总是人为地把孩子想得那么不让人满意，凭着自己的判断就给孩子贴上标签，但是很多时候，如果父母能够静下心来问问孩子理由，就会发现事情要比自己想象中的好得多。这就是另外一个转移视线的办法，把孩子的行为和想法往好的一方面去想。

　　父母处于情绪爆发的边缘时，还可以用自己的往事来打断当前的思路。比如回忆自己的童年，把孩子看作缩小版的自己，代入自己的童年，也许就能体会到孩子的感受，也能对孩子所做的事情有所理解。这样的转移视线是为了寻找感同身受的感觉，孩子所经历的、所承受的都是有意义的，也许这些都是父母小时候经历过的、承受过的，所以父母要体谅孩子的感受，适当地把自己的情绪转移出去，这样就能在面对孩子的时候多了另外一份心境。

　　叮叮在家里和小朋友玩儿玩具，因为相互之间的争执，导致最后两个小朋友吵得不可开交。妈妈出来调节了许久，才把小朋友安抚好。等到小朋友离开后，叮叮依旧很生气。把玩具箱子直接推翻在地上，妈妈很是生气。因为刚才的事情，才平静下去的情绪瞬间因为叮叮的行为再次翻腾起来。眼看就要控制不住情绪，妈妈刚好看见了对面墙上的镜子，看着自己的样子，妈妈觉得很丑陋，面目狰狞。于是妈妈蹲下来，对叮叮说："妈妈刚才安抚小朋友，是因为妈妈知道叮叮不是故意和小朋友生气的。叮叮以后还想和小朋友玩耍，叮叮只是没有控制好自己的脾气。小朋友刚才和叮叮抢玩具的时候，叮叮怎么想的。"叮叮才慢慢地说道："我不想把玩具给他，玩具是我的。"妈妈趁机说道："叮叮的玩具是自己的，就要爱护玩具，不能让玩具受到伤害，但是你把玩具推倒，是在保护玩具吗？"叮叮低下头，之后在妈妈的怀里渐渐平复了情绪，自己去收拾好玩具。

叮叮的妈妈在情绪失控前，看到了镜子里自己的样子，因此及时地控制住了自己的情绪。生活中，父母需要对自己的情绪有一个认识，不要把脾气不好当作发脾气的理直气壮的理由，恰恰相反，要把这一点当成发火的警报，认识到自己的坏情绪在哪些情况下容易爆发，那么当那些情况即将来临的时候，就要给自己多一个提醒。

学会控制情绪是很多人需要做的功课，而以上提到的这些方法也并不是万能的，只是一些普遍有效的建议，你要针对自己的特点学习控制自己的情绪。只有控制好自己的情绪，孩子才能得到稳定的成长空间，从这一点看，我们的付出再辛苦也是值得的。

不用命令孩子

父母在家庭教育中很多时候都处于"上司"的位置，他们会用命令的口吻跟孩子沟通，把孩子当作自己的所有品，认为孩子是自己的，就必须要听自己的话。一旦这样的心态形成，就会让父母在很多时候学不会如何和孩子沟通，每次教育都成了一场单方面的发言会。

孩子是很乐于接受父母的影响的，他们与最亲近的人保持一致，在孩子人生的很长一段时间内，他都会不自觉地去这样做。但是这种影响是有限度的，不要让影响变成操控，否则难过的不仅是孩子，父母同样会觉得难以自控。

晚上八点半，妈妈催促5岁的儿子上床，并且嘱咐道："乖一点，赶紧闭上眼睛睡觉，不然明天就起不来了。"男孩摇了摇头，很正经地告诉妈妈："可是妈妈，我现在眼睛闭不上。"小男孩很是不情愿，他一点儿都不困，于是在床上翻来翻去。没过一会儿，妈妈生气了，说道："睡不着也要睡，你要是再翻滚，我就打你屁股。"男孩很是委屈，但是不敢随便动了，就这么一直僵着身体，但还是睡不着。没过多久，妈妈一看孩子还是睁着眼睛没有睡觉，火气更旺了，直接训斥起来："我命令你赶快睡觉，不然就出去。"最后小男孩眼角挂着泪珠睡了过去，妈妈反倒觉得自己的办法起了作用，不然这一晚上，小男孩估计要折腾到很晚。

睡觉本来是一种自然而然的行为，困了自然会睡觉，不困的时候硬是要睡觉，是很艰难的一件事情。但是案例中的妈妈硬是要控制孩子睡觉，在妈妈看来，孩子必须睡觉，就像公司职员必须完成某项任务一样，而不去考虑孩子是否能做到。妈妈把睡觉当成了一道命令，然后操控孩子去执行。

这个样子的父母控制欲望很强，他们对孩子缺乏信心，不肯认同孩子自由成长，并且有过于强烈的自我原则和自我认同感。同时，父母也在教育孩子上表现出一种强烈的不自信，她不相信自己的教育可以让孩子有所成长，所以必须时时刻刻将孩子的言行举止掌控在自己手里，一旦孩子有不符合自己要求的言行，就要让孩子改正过来。这样的父母不仅会失去自己支配的自由时间，还会让孩子变得胆小、呆板和无趣。孩子不会一直对你言听计从，也许小时候他们会照着你说的去做，但是随着年龄的增长，他们会反抗，会厌恶父母的命令，以至于厌恶父母。

在一个家庭中，父母和孩子都在成长。在成长的期间，父母注定不会一直掌控着孩子，这样对父母来说、对孩子来说都是一种生活的崩塌。养育孩子不是一项死板的工作，不是你对下属的命令。在工作上，每当你下了命令，下属都不一定能够完成目标，更何况是年幼的孩子。

艾丽跟着父母在花园除草，父母拿着简单的除草机，手把手地教艾丽学习如何使用电动除草机。刚好赶上艾丽的母亲出来有事情需要找艾丽的父亲，于是父亲就放下艾丽，转身回了屋子。等到父母那边的事情处理得差不多了的时候，父亲出来看见艾丽一个人推着除草机把他精心布置的一平方米的花坪彻底推干净了。在父亲的眼里，那花草是自己精心种下的，养育了很久才养出了一片让邻居称赞的花草。这下，父亲的火气怎么也控制不住，父亲叉着腰站在台阶上大声喊道："艾丽，我命令你马上停下，给我过来这边。"母亲闻声赶来，看见眼前的场景，拍了一下父亲的肩膀，说道："艾克，我们是养孩子，不是在教训手下。"

艾丽的母亲在艾丽的父亲对艾丽进行批评的时候适当地进行了阻止，因为母亲看到父亲的教育方式是不正确的。对于孩子，一旦用命令的口吻去教育他们，不仅会让他们变得胆小，更是会让父母和子女之间产生隔阂。

父母本来可以做很多事情，可是孩子的行为超出了父母的掌控范围，父母就必须腾出时间来纠正孩子，如果孩子不那么顺服，父母还要付出体力来大吼大叫，付出心力去烦躁不安。最终，吼叫的父母身累心累，被吼叫的孩子伤心不已的同时又不知所措。但是最终问题可能还是没有得到解决，孩子是一个灵动的个体，需要靠自己的能力去成长，只有经历自我发现、发展，他的世界才会变得充实起来。

命令的语气实际上就是一种操控，不要觉得父母操控孩子是多么值得骄傲的行为，所谓的听话、懂事，从某种角度上来讲并不值得夸赞。孩子一定要有自己的主见和独立的思维，他要学会为自己的生活负责。父母必须放下内心的命令，才能从更客观的角度来观察孩子，并且意识到孩子自我成长的重要性。只有意识到这一点，才能让父母不会因为孩子的言行与自己所想有悖就觉得焦躁、难以忍受，没有了这样的负面情绪，自然就不会用命令的口吻跟孩子说话了。

孩子不需要成为你心中的样子

多少父母希望孩子能够成为自己理想中的人，父母做不到的事情，希望孩子能够替他们做到。但实际上，很多时候父母会发现，孩子的发展并不是按照自己的思路走的，有些孩子甚至会完全背离父母想要的未来。对此，父母无须着急愤怒，因为孩子有自己的路要走，不要把父母本身的想法强加到他们身上。

世界上没有两片相同的树叶，同样的，人的性格也各有千秋。不要试图把自己的想法强加到孩子的身上，也不要试图去改变孩子的性格。不管你是否喜欢孩子的性格，只要孩子心理健康，能够快乐地成长，就要尊重孩子的选择。

徐斌正在上初中，他不喜欢和同学们一起玩耍，因为他觉得和大家在一起打闹是一件很无聊的事情。倒不如自己看看书，他很喜欢武侠小说，也很欣赏武侠小说里面快意恩仇、自由自在的生活。他希望自己也有侠客般的气质，不被世俗拘束，但是妈妈不认同孩子这样独来独往的性格，妈妈认为孩子必须和同龄的小伙伴一起玩儿、一起交往才是正常的，徐斌这样的性子太过孤僻。更何况，妈妈一直希望徐斌能够成为一名律师，那样就必须和人打交道。所以妈妈趁着单位外出旅游的机会，想要带上徐斌一起去，因为这次去的还有很多同龄的孩子，妈妈希望徐斌能够借这次机会和孩子们好好相处，但是徐斌拒绝了妈妈的安排，并且严肃地说道："不，我不去，和一群孩子玩儿很无趣。"

妈妈问道："你也是孩子啊。"

徐斌摆摆手说："我喜欢一个人的环境，我是不会去参与这一次的活动的。"妈妈很无奈，最后事情也是不了了之。

徐斌的性格并不是个例，事实上很多孩子都存在这个问题，但是大多数父母都不允许孩子整天独自一人，所有父母都希望自己的孩子能够积极处世、性格活泼，因此很多父母会强行让孩子变得开朗向上，逼着孩子去接触陌生的环境，在父母看来，这样的逼迫会让孩子尽快适应与人交往，但是往往适得其反，孩子会变得更加沉默，甚至害怕与人打交道。父母越是责备，孩子就越畏缩、消极，造成了孩子心理上的负担。尤其是以命令的口气说话，将对孩子造成很大的负面影响。在父母鼓励孩子去和性格外向的小伙伴玩耍的时候，孩子的内心会更有压力，内心会形成一道无形的墙，不利于孩子的成长。

父母要学会不强求孩子按照自己的意志做事或成长，不要要求孩子和别人一致。给孩子足够的空间，对孩子要包容一些，与孩子进行心灵沟通，抓住孩子的性格特点，找到造成孩子性格特殊的原因，才能对症下药。孩子的个性需要培养，不仅需要孩子后天与外界接触，也需要父母的关注。在父母培养孩子个性的时候，不要逼迫孩子必须和父母自己认为优秀的孩子一致，要鼓励孩子拥有自己的天性。与此同时，也要让孩子理解，人作为社会中的一分子，要适应社会，就要学会去改变自己的性格，这样才能在社会中健康成长。

玲玲一直在学拉丁舞，已经学了3年多，期间跟着老师不断地进行表演，甚至还在市里面获得过奖。为此，妈妈很是开心，每次看着玲玲的奖杯都很自豪，因为玲玲的妈妈是一名舞者，但是因为腿部受伤再也不能跳舞了，所以她一直让玲玲学习舞蹈。虽说玲玲一直很努力，老师也夸孩子有天赋，但玲玲每次跳舞的时候都不是很开心。爸爸问过玲玲原因，玲玲说自己不喜欢舞蹈，她喜欢画画，她每次看到画笔和画板的时候就想去摸一下。但是妈妈总是不允许，虽说爸爸和妈妈沟通过，但妈妈依旧认为孩子还小，对什么事情都是三分钟热度。再说玲玲学舞蹈这么久了，怎么可能不热爱，不热爱怎么会坚持这么久。

在一次外出活动中，玲玲受伤了，脚部骨折，很是严重。送到医院的时候，玲玲一直哭，妈妈很是心疼。这个时候爸爸才说道："玲玲一直是因为你的原因，才坚持学习舞蹈。她说不想让你失望，但是你想过孩子真正的想法没有，你是她的妈妈，你爱她，就是如此爱她吗？"在爸爸的质问中，妈妈才反思起来，她也知道玲玲对画画的热爱，但是出于私心一直不想让玲玲放弃舞蹈，直到这次事故发生，玲玲妈妈才后悔不已。

玲玲妈妈的做法在很多父母身上都能看到，因为曾经的遗憾，让孩子深陷于父母的期望中无法自拔。父母总是把自己的期望和意志加给孩子，不管孩子的想法，这样只会让孩子发展为两个极端，一是过于压制自己，最后失去了本我；二是开始反抗，最后走向另外的深渊。孩子不需要成为父母，孩子应该有孩子自己的路，不管是光辉的还是平凡的。任何人经历过的事情不同，所处的位置也不一样，方法和反应自然不一样。父母也不希望孩子变成自己现在的样子，所以才有了理想中孩子的样子，但是那样的孩子一样是你自己心目中的样子。

　　人最高层次的满足是自我价值的实现，父母可以让孩子对某些事情感兴趣，但是不要逼迫他们去接受某些事物，孩子不必成为父母这样的人，也不必成为任何人，不必为实践和验证父母或者任何人的预判而去走自己不喜欢的路。父母要帮助孩子找到能够让孩子知晓自己、做自己的路。一个人独立于世间，应该有的模样是自己塑造的，而不是父母塑造的。

"我是你爸妈"，并不是圣旨

如果孩子是因为你的威严而听你的话，那么你的教育就是失败的。父母不放弃权力，不放弃为人父母的优越感，孩子就不会把信任和尊重给你。父母必须要学会一件事情，就是要试着放下架子，蹲下去和孩子平等交谈，这样的孩子才会快乐，身心才会健康。

孩子和父母之间的隔阂往往是家长自己造成的，父母总是端着高姿态，凌驾在孩子之上，孩子的一切事情都要经过父母同意，把孩子当成自己的所有物，不管父母的想法是对是错，孩子都必须接受。父母标榜自己作为父母的身份、年龄与体力，弱小的孩子当然抗争不过，所以孩子只能用沉默或者是叛逆来反抗，这种亲子间不平等的交往会导致亲子关系急速恶化，甚至会发展到不可收拾的地步。

淘淘是一名小学生，只有 8 岁，正在父母的要求下学习钢琴。每天下午放学，淘淘必须先练一个小时钢琴，然后再做功课。星期天更是得上一上午的补习班，下午还要到老师家学习。淘淘对弹琴没有兴趣，他看见钢琴就很厌恶，还几次想把钢琴毁掉，经常反抗说："我不弹，我不要学。你打死我也弹不好！"但父母不顾孩子的兴趣与反抗，一定要让孩子学。"已经学了两年了，花了这么多钱？你应该争气，把琴学好。今后每天不弹熟练习曲，就不许出去玩儿！"孩子无奈，为了断掉父母要他学琴的念头，有一天放学回家时，他竟然用石头砸断了自己的一根手指。

强迫孩子做他没有兴趣、不愿意做的事情，短时间内孩子可能会向父母妥协，但时间长了，孩子内心压抑的不满就会爆发，轻则与父母消极对抗，重则像案例中的淘淘那样做出过激的行为。父母把自己的话当成孩子的圣旨，逼着孩子去执行。孩子是需要从小培养的，孩子的智力也应从幼儿时期开始启发，但应该从培养孩子的兴趣着手。而兴趣是因人而异的，绝不能由父母主观决定或强加在孩子身上。在孩子还小的时候，做父母的可以鼓励孩子学习和接触各种事物，启发孩子的兴趣，让他们产生学习的欲望。只有当孩子愿意学习的时候，孩子才能把坐在书桌前，把画画、写字等当成一件乐事。

反之，如果没有自觉的要求，即使是强迫了一段时间，也不可能持久。很多父母教育子女时，习惯于把自己的话当成圣旨，凭着一句"我是你爸妈"试图控制孩子的一切，在不知不觉的情况下成为一个"暴君"，孩子如果不听话，就会遭到严厉的训斥或惩罚。

童童是一个乖孩子，每次放学后都是先完成作业才去看电视，所以父母对她一直很放心，但是最近妈妈看见隔壁的小姑娘上了书法班，每天玩耍的时间大幅度减少，于是妈妈就给童童也报了书法班，并在双休日借着带童童上街的机会，把孩子领进了书法班的教室。童童很不开心，因为他对书法不感兴趣，看着一教室的人，童童想要离开。妈妈在里面和老师沟通了一会儿后，出来和童童说道："我已经和老师说好了，一会儿你就进去直接上课就好。"

童童有些委屈，问道："妈妈为什么不告诉我，我不想学这个。"

妈妈看着童童有些生气，觉得孩子不懂得体谅自己，提高声音说："我是你妈妈，给你报班是为你好，有什么好商量的。赶紧去！"

童童委屈的泪水夺眶而出，被妈妈强行拉了进去。童童在教室内大哭，妈妈觉得很没有面子，直接动了手，最后还是被老师拦了下来。但童童依旧不肯学书法，妈妈和童童在休息间僵持不下。

　　父母不跟孩子商量，然后直接给孩子做出各种安排，强行让孩子接受，美其名曰是为了孩子好，这种做法是极不妥当的。长此以往，孩子将感受不到来自父母的爱，只能感受到父母的"压迫"，他们不理解父母为何什么事情都要管着自己，他们会觉得自己就像木偶一样被父母操控，从而产生抵触情绪，与父母形成情感上的对立，甚至产生逆反心理。如果孩子暂时的妥协是因为害怕惩罚，并不是真正的心悦诚服，那么他们将无法培养自己内在的控制力，一旦控制者转过身，被控的孩子就会像脱缰的野马。这样的专制教育根本起不到教育的作用，它会让父母更专注于消除孩子的缺点，而往往会忽略孩子的优点。

　　在孩子幼小的心灵里，父母就像是一个可怕的独裁者，在父母严格的要求下，孩子没有自己的时间和空间，没有为自己申辩的机会，甚至连交朋友的选择权都没有。很难想象，在这种环境下长大的孩子，内心该是多么无奈和沮丧。孩子是没有定型的、正在成长中的人，在父母面前，他们处于弱势，但他们同时又有自己的思想、感情和个性。父母要认识到这个问题，更要用心地去对待孩子的成长。

沟通有道，站在孩子的
角度来说话

时至今日，不少父母依然抱着"是我的孩子就必须要听我的话"的陈腐观念，一味地要求孩子顺从自己。这种模式教育出来的孩子往往自卑感会很强，缺乏自尊、自信等宝贵个性。真正的教育应该建立在平等沟通的基础上，父母要尊重孩子的想法，把自己放在孩子的角度上来说话，这样才能做到真正的沟通。

每个孩子都需要"非暴力沟通"

和孩子沟通，是父母在教育中必须学会的一件事情。孩子需要沟通，但是更需要非暴力沟通。父母不能靠着一味的专制和暴力来和孩子说话，更加重要的是，孩子的内心所需要的是理解和支持。父母只有知道了孩子想要的沟通方式，才能更好地和孩子进行交流。

父母要清楚地认识到，子女教育实际上是一门需要用心学习的课程，如果你不把工作做到孩子的心里去，教育的效果只会苍白无力。父母不要总是自以为是，完全以自己的意志为标准去教育孩子，甚至不和他们讲道理。这不是教育，是驾驭。每个孩子都需要非暴力沟通，在孩子发脾气的时候，在孩子和父母僵持不下的时候，父母需要做的是沉下心来和孩子沟通，知道孩子执拗的原因，而不是意气用事，对孩子非打即骂。

孩子在成长的过程中，每一个阶段都会出现不同的问题，而每一个问题都和孩子的心理、成长特点有关。我们的教育应该从孩子的角度出发，关注孩子的内心世界，在理解了孩子行为背后的真正原因后，才能和孩子建立有效沟通，从而建立起适合孩子的教育方式。

东东每天放学后，都有半个小时的看动画片的时间，这是家里规定的，也是爸爸允许的。这天放学后，东东像平时一样看动画片，但是当天刚好奶奶来家里，所以晚饭时间提前了，爸爸希望东东先吃饭，后看动画片。但是东东很是不悦，站在客厅一动不动，爸爸催促了好几遍，东东依旧沉默地抗议着。于是爸爸就上去拉了他一下，结果东东直接哭了出来，一边哭一边说："你明明说每天回来可以看动画片的，我不吃饭，我就要看动画片。"爸爸很生气，但是在稳定了一下情绪后，还是蹲了下来，看着东东说："东东是不是忍不住想看动画片？"东东点头。爸爸说："爸爸也知道东东忍不住想要看动画片，但是东东要知道，奶奶是专门来看东东的。动画片一会儿我们可以在电脑上看，但是奶奶很久没来了，东东想不想奶奶？"

东东不再大声哭泣，看着爸爸点点头。爸爸笑着说："那爸爸陪你一起去洗手，然后吃完饭，我陪东东一起看动画片好不好？"爸爸拉着东东去洗手，这次东东没有反抗。

东东爸爸的教育方式正是理解了孩子的心情，大人有时候都控制不住自己的渴望，更何况是小孩子。所以爸爸先站在东东的立场上想问题，让东东的情绪平复下来，再跟东东讲道理，最终成功地引导了东东的行为。在这个案例中，父亲和孩子之间得到了有效的沟通，原本难缠的问题也得到了解决。更加重要的是，孩子在父亲的话里得到了尊重和满足。

孩子不可能没有缺点，也一定会犯错误，而有些父母往往过分地关注孩子的瑕疵，在和孩子沟通不畅的时候动辄进行辱骂或讽刺，这是对孩子缺乏最起码的尊重的表现。这样的教育是失败的教育，这样的沟通不如没有沟通，因为它会导致年龄小的孩子变得胆小、畏缩，会让年龄大的孩子心生反感、敌意，这样做既达不到教育的效果，又造成了亲子间的疏离。

这样的沟通，在孩子的叛逆期更是需要，或者说，在孩子的叛逆期，除了有效的沟通，其他方法几乎都不会有大作用。每个父母也都经历过叛逆期，但是当遇到孩子的叛逆期的时候，很多父母不能冷静对待，他们什么都想干涉，结果引来孩子强烈的不满；有时候沟通不顺，于是就采取高压手段，结果导致了孩子更大的反抗。显而易见，教育反抗期的孩子，简单、粗暴的处理方式是绝对行不通的。

王帅刚满 17 岁，正在一所重点中学读高三，为了能让王帅考上理想的大学，王帅的父母为孩子找来了三位辅导老师，分别对王帅的三门课程进行辅导。王帅根本不听老师的话，每次辅导老师登门授课，他都对辅导老师不理不睬，有时候连招呼也不打就跑到外面上网去了，结果上门上课的老师也不愿意再来了。王帅的父母规劝了他几次无果，父亲一气之下把王帅的电脑搬到了自己的办公室，王帅和父亲大吵了一架。父亲本以为孩子闹脾气，过几天就好了。但是有一天突然接到学校老师的电话，说王帅没有参加学校的模拟考试，一天都没有找到人。这下可把王帅的父母急坏了，赶紧回家去找人。最后找到王帅的时候，发现王帅正在学校附近的网吧打游戏，父亲怒不可遏，上去给了王帅一巴掌，然后把王帅带回了家。母亲虽然很生气，但还是平心静气地问了孩子，最后才得知，王帅不想让人干涉他的学习，王帅说自己已经不是小孩子了，不需要父母什么事情都替他操心。

王帅所处的时期正是让很多父母都头疼的叛逆期，由于他们对万事万物渐渐有了自己的想法和主见，所以总觉得长期以来父母和师长灌输的思想和理念有很多地方是"错误"的。于是他们开始产生反叛的心理，希望能够得到父母和师长的认可。叛逆是孩子渴望成长的信号，是孩子希望得到大人认可的表现，父母需要理解孩子，和孩子沟通，才能帮助孩子更好地度过叛逆期。

批评之前，提醒自己冲动是魔鬼

　　生活中避免不了争吵，孩子会犯错，父母要进行教育，有些时候也需要批评。但是父母在批评之前，要先明白自己接下来所说的话会对孩子会造成什么样的影响，提醒自己不能冲动，不要把教育变成伤害。

　　俗话说，没有规矩不成方圆，就像不曾修剪过的小树，枝叶丛生，只会耽误了生长。孩子就是这棵小树，在成长的过程中也会生长歪曲，这个时候不能任其发展，而是需要适当的修剪。因为孩子对外界的抵抗力过低，而外界的诱惑实在过大，孩子不可避免会犯下错误，这个时候，批评教育就显得尤为重要。

　　小芳一直跟着爷爷奶奶生活，因为爸妈做生意太忙，导致时间很不充分，所以陪着小芳的时间特别少。但是在金钱上，爸妈从来没有亏待过小芳，加上爷爷奶奶对小芳的宠爱，让小芳养成了骄纵的性格，脾气说发就发。

　　有一次，爸妈回家，一家人在一起吃饭。小芳吃了两口，就接到电话，放下电话后就说要出去玩儿，爸爸问她去哪里，小芳当作没有听见，准备穿衣服离开。妈妈起身拦住，再次问道："你要去哪里玩儿？为什么不和我们说清楚。"小芳很不耐烦，说："我去哪里玩儿，跟你们有什么关系。你好啰唆啊，我要出去了。"妈妈直接锁上门，严厉地说道："今天哪儿也不许去，在家里待着。"

　　小芳因为妈妈的行为开始大吵大闹，爷爷奶奶过来劝和，说让孩子出去吧，但是妈妈不为所动。妈妈没有和小芳争吵，只是示意丈夫把爷爷奶奶哄回房间，然后任由小芳在屋子里吵闹，妈妈自己回到饭桌上吃饭。过了一会儿，小芳不吵了，自己回了房间。妈妈收拾好碗筷，看着时间差不多了，端着一盘水果敲了小芳的房门。小芳不愿开，于是妈妈在门外说道："妈妈知道平时陪你的时间不够，这一次回来也是想告诉你，爸爸那边的店已经安置好了，妈妈现在会有很多空余的时间，以后会天天在家的。你愿意开门和妈妈聊聊吗？妈妈很想你的。"

小芳最终还是打开了房门，虽然脸上挂着泪水，但是情绪已经平复了许多。于是妈妈进去，在安抚好小芳的情绪后，妈妈才说道："对你今天的做法，爸爸妈妈很不高兴，因为你不只是不尊重家人，更重要的是你忽略了爷爷奶奶对你的爱。前段时间我们去超市的时候，你也看见过有个老爷爷和他孙子在超市门口争吵，你还记得你当时你说了什么吗？"

小芳缓缓地说道："我说那个小孩儿是个讨人厌的小孩。"

"既然你知道那是一个讨人厌的小孩儿，为什么你还要成为那样的孩子。小芳，你要知道，你现在对家人的态度，也会成为将来别人对你的态度。妈妈我不要求你今天会意识到这个问题，但是接下来的每一天，妈妈会监督你改正，每天做一点，现在去和爷爷奶奶道歉。"妈妈说完就出去了，留下了开着的房门。小芳想了想，去跟爷爷奶奶道了歉。

孩子需要管教，父母为了让孩子尽可能往好的方向成长，就必须好好落实这一点。批评管教一样是一种沟通，不过这种沟通更加考验父母的心态，因为往往这个时候，父母面对的局面会十分复杂，这个时候的孩子也更加不好管教，因为他们也处在气头上。如果父母的态度过于强硬，就会遭到孩子的极力抗争，如果过于软弱，又达不到教育的效果，让孩子一直这样下去。所以，批评是必不可少的，但冲动亦是不可取的。

批评管教是有目的的，是为了让被批评教育的人变得更好，所以管教从头至尾都要有理有据，有方法、讲策略。正确的管教是每一步都有意义，都能起到良好的效果，讲出来的内容应是有针对性的，针对问题、缺点、错误给出建议和指导，让孩子有所收获，有所成长。在父母正面的批评中，孩子能够在其中获取信息，知道自己犯下的错误，并根据自身所犯下的错误进行纠正。在批评的时候，父母要提醒自己：冲动是魔鬼，会让你和孩子之间好不容易建立起来的信任消失。

在批评中，父母要时刻提醒自己控制住自己的脾气，不要轻易被情绪左右。在和孩子沟通的过程中，要学会寻找办法，尽量理性地思考孩子的问题，同时也不能因为自己的不顺心借此把孩子当成发泄的对象，而要把自己的事情和孩子的事情区别对待。批评孩子是一堂课，不是单方面的言语暴力输出，你的孩子没有盔甲，他唯一的安全感来自家庭，如果父母不能给予他，那么时间久了，他便会把自己封闭在自己的世界中，疏远父母。这样的结果是所有父母都不愿意看到的。

就事论事，千万不能借题发挥

许多父母在教育孩子的路上越走越偏，是因为不能控制住自己的情绪，在教育孩子的过程中很容易迁怒孩子，或者喜欢翻旧账，甚至臆想未来孩子可能犯下的过错，让孩子沉浸在自己的过错中不能出来，长此以往，对孩子造成的心理压力会很大。而父母过多的斥责、严厉的管束都会束缚住孩子的主动性，也会扼杀其创造精神。

父母在教育孩子的时候，应避免把事情全都放在一起，或者眼前的事情还没有解决掉，就责备孩子之前犯错不长记性，或者臆想未来可能发生的事情，这样的教育方式对孩子来说是非常不好的。

有一位很好的中学教师，她教育出来的学生遵纪守法，成绩也很好，对自己的孩子，她的教育更加严格。孩子在家的时候不能大吼大叫，吃饭时不许说话，坐在椅子上腰背必须挺直，家规一套又一套。孩子一不留神，稍有过失，她就斥责。更加重要的是，她每次都会对孩子的行为进行联想教育，在她常年的教育下，孩子虽然变得听话了，对人也算是彬彬有礼了，但也变得拘谨、怕事、被动了。

有一天，她在学校里进行观摩教学，整整一个中午没有回家，孩子中午回来在沙发上等待妈妈，因为妈妈没有回来，没有人给他们做饭，他们就这样饿了一个中午。下午放学回家后，妈妈问已经12岁的姐姐，为什么不吃冰箱里面的速食面，两姐弟回答道："你没有讲啊。"因为在妈妈平时的教育下，姐弟已经认为妈妈说过的才是对的，而自己做的任何事情如果不在妈妈允许的范围内，便是错的。

这些孩子之所以在多彩的生活面前显得这样没主见，主要是因为他们在家中经常遭到父母的斥责，加上父母在他们的错误之上进行了其他错误的引申，孩子就形成了怕事的被动习惯。父母的初心当然是为了孩子好，为了不让孩子犯下更多的过错，但是一味地把眼前的错误放大并不会让孩子有所警示，反而会让孩子小心翼翼，做任何事都如履薄冰。这样一来，孩子就会变得胆小怕事，甚至开始逃避一些事情，他们这是在避免犯错，也是在避免被责备。

就事论事在生活中很多时候都很难做到，因为人们总是喜欢翻旧账，或者臆想未来，这样的情况导致了孩子在面对一些错误的时候会十分害怕和拘束，他们能够想到的不是直面错误，而是逃避错误，因为他们害怕父母的斥责，害怕回想起之前的错误经历，这些都会让孩子的性格慢慢发生改变。

电梯里有这样一对母子。妈妈问儿子："今天的围棋你赢了几盘？"儿子说："十盘里面赢了三盘。"妈妈有些不高兴，问道："别人呢？你怎么总是输啊？你自己喜欢下围棋，妈妈就送你去学习，可是你怎么就是不进步呢？"儿子说："可是我赢了总是赢我的那个人啊。"妈妈高声说道："这你就骄傲了吗？你忘了之前你总是输给人家的事情了吗？上次你们比赛的时候，你根本没有赢过一次。要虚心才是，再说了，这一次赢了人家，下次能保证一定会赢吗？回去好好背棋谱，明天好好下棋。挺贵的班，你也给我争口气。"儿子还没有开口反驳，又被妈妈高声压了回去，无非是孩子之前下棋输了，孩子不谦虚努力。

这位妈妈没有看到孩子的进步,在她的眼里,孩子有的只是骄傲的情绪,她不断地强调孩子之前犯的错误,然后不断地让孩子回想,而根本没有意识到这件事情已经脱离了当前的话题。孩子本来欣喜的心情,也因为妈妈的一番话而变得失落。这样下去,孩子会变得不安,甚至可能会对原本感兴趣的围棋产生抵触心理。

眼前的事情,要在眼前解决,不翻旧账,不臆想未来。这才是父母需要记在心上的,孩子犯错误的时候,或者需要教育的时候,要认真和孩子对当下的事情进行分析,并从当下的事情和分析中找到符合解决当下困境的办法。孩子在成长的过程中会遇到各种各样的问题,父母要学会去解决,在这个过程中态度不能过硬,也不能过软。父母在关注孩子成长的时候,也要看到孩子的自尊心,要记住自己是帮助孩子改正错误的,不是让孩子回想错误的。其实很多时候,孩子是会意识到自己的过失的,他们可能暂时不能解决这个问题,所以才向父母寻求帮助。这个时候父母要伸出援手,但是不能将手伸得过长,否则就是在给孩子制造压力。

父母借题发挥的行为,很多时候会引起孩子的反感,甚至是憎恨。这样的情况对孩子和父母来说都是危险的,也是可悲的。但是另外还有一种危险,那就是孩子对父母的斥责置之不理,虽然口头上不反抗,但是内心是不服气的。这样的孩子会成长得十分压抑,形成孤僻的性格。

不明说，巧暗示

　　孩子在成长的过程中会遇到各种各样的问题，不管是学习上的，还是生活上的，抑或是生理上的。这些问题都给父母提出了挑战，父母在解决这些问题时，必须要有自己的想法，在不伤害孩子自尊心的基础上进行解决。有时候父母的暗示，比明白地讲道理要好得多。

　　“说”是一种教育行为，但并不是唯一的教育行为。可是很多父母在教育孩子的过程中只采用了这一种方式，忽略了言行合一。也就是说，很多父母对孩子说得太多，自己却没有用行动来表示所说内容的正确性。父母一味地对孩子进行说教，时间长了，孩子就会很烦，所以父母要学会暗示，这样的暗示可以是言语上的，也可以是行动上的。在父母的言行举止中，孩子才能学会如何成长，如何成为一个好孩子。

　　一个孩子和他妈妈坐火车回家，因为是过年期间，车厢中的人很多，孩子很乖巧地依偎在妈妈身边看书。也许男孩是看累了，中途抬起头四处张望，这时他看见了对面坐着的一个穿着朴素的叔叔，根据男孩自己的判断，这个叔叔大概生活拮据，因为男孩看到了叔叔袖口上的补丁。过了一会，列车上的售货员过来贩卖食物，对面的叔叔拿着一张皱巴巴的钱买了一罐可乐，然后拿着可乐看了很久，没有开，神色间有些尴尬。男孩有些想笑，不可思议地想居然还有人不会开可乐罐。过了片刻，男孩的妈妈对小男孩说道：“帮妈妈拿一罐可乐吧，背包里面有。"小男孩放下书，从背包里拿出了一罐。妈妈把可乐放在桌子上，伸手打开，然后喝了一口，便放下了。随着清脆的一声，对面叔叔的可乐也随之打开。小男孩抬头，对面的人也刚好和小男孩的视线相对，于是那人对着小男孩点头微笑。小男孩在那微笑中看到了谢意，慌张地低下了头，因为他为刚才自己的想法感到羞愧，男孩的妈妈摸了摸小男孩的头。路程还在继续，小男孩在一趟车上学会了人生的一课，叫作尊重。

父母的行为暗示远比言语更加管用，因为孩子会把自身的行为和父母的行为进行对比，在这样的对比之下，孩子就会明白自己的过失，然后加以改进。小男孩看到对面的人身陷窘境，起了嘲笑的念头，而妈妈的行为让小男孩感到羞愧。这样的羞愧是孩子自己发现的，所以他就印象深刻，也能从妈妈的行为中反思自己的行为，懂得做人的道理。

在日常的生活中，父母要经常检查自身的日常行为习惯，教育不仅依靠言语，对孩子的教育，其实早就在日常生活中一点一点地渗透在孩子的心里了。孩子在认为你的行为是可行的之后，就会进行模仿，所以教育孩子还要以身作则。在教育孩子的时候，要确定自己是否已经做到。你要教育孩子收拾玩具，孩子也许不听话，这个时候你的任何言语都不会有什么成效，不如暂时让孩子冷静下来，然后你来暗示孩子应该去做什么，你可以当着孩子的面收拾家务，或者当着孩子的面收拾自己的东西，要让孩子知道，他的东西要自己收拾。明说会遭到抵抗的话，那么就进行暗示吧。

小芳在家玩儿的时候，总是不喜欢收拾自己的玩具，每一次都是奶奶收拾。爸爸妈妈说过很多次，小芳都不以为意，加上奶奶过分的宠爱，导致小芳越发不在意收拾玩具。妈妈看在眼里，也很是着急，于是就跟小芳说道："你以后要是玩儿完了玩具不收拾，就不许再玩儿了。"本以为小芳会听话些，结果小芳反而哭闹起来，最后惹得奶奶又是哄孩子，又是忙着收拾玩具。爸爸回来后，看见家里人都一脸的闷闷不乐，问过之后，才知道又是因为小芳收拾玩具的事情。于是爸爸就跟妈妈和奶奶商量办法，奶奶虽然很宠小芳，但是在小芳爸爸妈妈的一再坚持下，还是答应了爸爸的计划。有一天中午放学后，小芳回到家，发现家里没人，饭桌上还有剩菜，一片狼藉。小芳的碗筷甚至是吃早餐时用过的，都没有洗过。小芳想换一个碗，可是发现家里的碗几乎都是用过的。小芳无奈，只好自己去洗了自己的碗，然后将就着吃了饭。

晚上回家的时候，小芳发现爸妈在家，但是饭桌上依旧是中午的样子。小芳就问妈妈："为什么不收拾碗筷呢？"妈妈回道："这是家里的碗筷，今天轮到妈妈洗碗了，但是妈妈不想洗了。"小芳说道："那爸爸呢？"爸爸表示今天不该自己洗碗，不是他的责任。小芳回头看向妈妈，妈妈这才说道："自己的东西要自己做好，今天轮到妈妈洗碗，但是妈妈不想洗碗，所以才给家里的吃饭问题造成了很多的不方便。小芳感到不高兴，就像妈妈对小芳不收拾玩具不高兴是一样的。"小芳低下头，小声说道："我知道错了，以后会好好收拾玩具的。"

小芳妈妈用自己的行为给小芳上了一课，这样的一课是印象深刻的，小芳在课程中学会了担负自己的责任。对一个小孩子来说，亲身经历比言语上的教育有效得多。更加重要的是，孩子在父母的暗示下所进行的行为修正能够伴随孩子的一生，一方面他会意识到自身行为的可行性，另一方面也会知道下一次应该怎么做。

　　不管面对哪个年龄段的孩子，充满爱的鼓励和信任的言语，会容易拉近你和孩子的距离，行为暗示和场合暗示则会让孩子改正得更为快速。言传身教，除了言传，身教也要成为一种教育孩子的有力武器。

告诉孩子可以有情绪低落的时候

烦恼是一种不健康的心态，但又是生活的一种常态。烦恼不是只有大人才会有，因为孩子的内心敏感，很多时候他们的烦恼会更多，也更加无厘头。孩子偶尔的烦恼并不可怕，可怕的是父母将其疏忽而不加以正确引导。孩子自己一时无法意识到烦恼对身心的危害，这样的烦恼就会像章鱼的手一样把孩子紧紧箍住，给孩子的身心带来伤害。

孩子情绪低落的时候，父母要让孩子有一个宣泄口，没有孩子不会出现情绪低落，再乐观向上的孩子也会有难过的时候，也许是因为和小伙伴闹意见，也许是因为喜欢的东西被毁坏，也许是因为原定的外出计划被取消。孩子会在各种各样的情况下感受到坏心情，然后发现自己做不到情绪调节，如果这个时候父母因为孩子的情绪问题大加斥责，孩子的情绪会更加难以控制，最后造成孩子和父母都不开心。

每个孩子或多或少都会有些脾气，在陪伴孩子成长的过程中，情绪是很难捉摸的，尽管市面上有很多管理孩子情绪的书，但是如果父母自己的脾气不好，孩子有负面情绪就是必然的。有很多时候，父母和孩子发火之后会很后悔，但是后悔之余，更加重要的是去反思和改正，否则下次还是会出现这样的问题。一边要控制自己的情绪，一边要调控孩子的情绪，这对父母来说是需要付出很大的精力的。

苏菲在家里一人玩儿玩具，过了一会儿苏菲的姐姐过来了。按照规定，姐妹两个人要分着时间玩儿玩具，现在是姐姐玩儿玩具的时间了。姐姐说："该我了。"苏菲说道："不行。"于是姐姐动手去拿，苏菲护着玩具不给，这个时候妈妈路过，让苏菲把玩具给姐姐，苏菲不愿意，但玩具还是被姐姐抢走了。看着玩具被抢走，苏菲很生气，在屋子里大吼大叫，然后跑到了院子里，等她生了一通闷气之后，突然发现花圃里的花朵很漂亮，她看着看着，就忘记了玩具的事情。过了一会儿，她回到了家里，家里暖意融融，苏菲的妈妈已经做好了晚饭，看见苏菲进来，一家人都很开心。妈妈没有责怪苏菲，而是带着苏菲去洗手，然后一家人一起吃饭。

苏菲妈妈在苏菲情绪崩溃的边缘没有阻拦，也没有斥责她，而是在安全的界限内让孩子把情绪宣泄出来，孩子也在宣泄情绪后慢慢地冷静了下来，最后她被漂亮的花朵转移了注意力，乌云就这样消散了。孩子的情绪来得快，去得也快，所以苏菲在大吵一架后反而冷静了。苏菲妈妈知道孩子需要宣泄，所以给了她空间和时间。孩子可以有情绪低落的时候，这种情绪需要宣泄，父母要接受并且允许孩子宣泄自己的情绪，只要孩子的言行不过分，父母就可以让他适度地哭闹或者吼叫。

孩子能够及时释放低落的情绪是一件好事，释放可以宣泄负面情绪，避免抑郁，使孩子形成健康、乐观的人格。值得注意的是，父母要教会孩子如何合理地表达自己的感受。父母可以成为孩子的倾诉对象，站在孩子的角度去考虑问题，这样才能了解孩子情绪低落的原因，从而帮助孩子摆脱烦恼。

嘟嘟在幼儿园和一个小朋友吵架，因为那个小朋友把嘟嘟的玩具玩儿坏了。两个小朋友吵得不可开交，连老师也没有办法。放学的时候，嘟嘟的爸爸来接嘟嘟回去，嘟嘟依旧站在门口不依不饶，一边哭一边叫，即使那个小朋友的妈妈说明天会给嘟嘟一个新的，嘟嘟依旧很生气。嘟嘟爸爸很是无奈，但是只能等嘟嘟先哭完，才把孩子抱了回去。回到家后，嘟嘟依旧很生气，于是爸爸开口说道："嘟嘟是不是很生小朋友的气？"嘟嘟点头，把事情又从头到尾说了一遍。即使爸爸已经知道了事情的始末，但是依旧耐心地听完，然后和嘟嘟说："嘟嘟喜欢和那个小朋友玩儿吗？"嘟嘟点了点头。爸爸问为什么。嘟嘟说："因为幼儿园他跟我最好，可是他弄坏了我的玩具。"爸爸说道："嘟嘟还想和那个小朋友玩儿吧，虽然那个小朋友不小心弄坏了你的玩具，但是玩具坏了还会有新的，那个小朋友若是不跟嘟嘟玩儿了，嘟嘟以后就会很孤独。你还记得之前在奶奶家，你不小心踩坏的花吗？后来那个花又长了出来，花不会记得是嘟嘟踩坏的，它原谅了你。所以你现在可以原谅那个小朋友了吗？"嘟嘟想了想，点了点头。

　　孩子在烦恼的时候需要的是安慰和倾诉，父母要听完孩子的话，才能知道孩子情绪波动的原因。案例中的孩子和小朋友吵架，孩子希望得到父母的理解，更多是对自己行为的支持，而不是指责、说孩子不懂事。爸爸的做法引开了嘟嘟的视线，把问题进行转换，让嘟嘟看到了另外的事情，这样一来，嘟嘟的情绪就会缓解。父母要接纳孩子的感情，心平气和地对孩子讲话、不能敷衍，不能只是说没关系。要让孩子知道，父母对他的意见很重视，然后再慢慢把孩子的情绪纠正过来，实现真正的教育。

大人说话，孩子也有权利发表意见

很多家庭中，父母有时候会说这样一句话：大人说话，小孩别掺和。或者有些事情根本不让孩子知道，虽然父母打着为孩子好的名义，但是往往最后被动接受结果的也是孩子。父母不顾及孩子的意见，擅自帮助孩子做决定，等到孩子埋怨的时候，父母也是一句话就压了下去。这样的沟通不利于亲子关系的发展，只会让孩子越来越疏远你。

在中国的许多家庭中，父母宠爱孩子，有求必应。但同时也存在一些现象，父母不把孩子当成一个有思想、有主见的人，也不考虑对孩子的做法是否恰当，因为为人父母，似乎一切做法都是对的，都是应该的、合理的。但事实上，大人说话时，孩子应该有发表意见的权利，要给你的孩子一个平等的地位，让孩子表达自己的看法。

嘉琪是小学五年级的学生，马上就要升初中了，但是她很不善于表达，在众人面前一说话就脸红。孩子为什么这么胆小呢？原来是因为嘉琪的爸爸妈妈剥夺了她的话语权，有客人来嘉琪家做客的时候，爸爸妈妈要求嘉琪要有礼貌、要懂事，大人们说话时不许乱插嘴，最好是到别的地方玩儿。即使是只有一家三口的时候，嘉琪说话也会常常被打断，当她兴高采烈地说着什么事情的时候，爸爸妈妈经常打断她，纠正她的用词、读音，或者批评她的某些想法，让嘉琪兴趣全无。爸爸妈妈不给嘉琪发言的机会，不体会嘉琪的想法，等到嘉琪上学的时候，反过头来抱怨嘉琪性格内向、反应迟钝。

即便是成人，当自己的发言被别人总是打断的时候，也会失去兴致，缄口不言，因此嘉琪爸爸妈妈的这种做法必然会影响嘉琪个性和能力的发展。嘉琪爸爸妈妈的这种教育方式在当前是比较普遍的，这种方式会导致孩子不愿意独立思考、自主做事。父母打断孩子的话，或者经常阻止孩子说话，孩子的意见就不能发表出来，父母也就无法了解孩子，不能给予孩子正确的指导。这样对孩子成长是极为不利的，会导致一些孩子变得不善于口头表达，变得没有主见、怯弱、退缩；另外一些孩子则变得独断、盲目，听不进去别人的意见。作为父母，要把孩子当成一个有思想的独立个体，给孩子对等的地位，尊重孩子说话的权利。

父母应该真正给予孩子平等的地位，不打断孩子讲话，给孩子发言的机会，把孩子当成有思想的人，用心体会和了解孩子内心的想法，这才是真正尽到了教育子女的责任。开明的父母会给予孩子平等的地位，并且鼓励孩子多发言，锻炼孩子的语言表达能力，让亲子之间顺畅沟通。孩子要有发言的权利，才会让家庭变得更加和谐。

叮叮家最近在装修房子，因为妈妈是室内设计师，所以家里的装修就由妈妈一手包办。为了营造出美好的空间，妈妈在一次晚饭的时候，问叮叮说："叮叮想要自己的房子是什么样子的呢？"吃饭的叮叮抬起头，眼睛炯炯有神，开心地说道："我可以自己定吗？"妈妈笑着点头，于是叮叮把想象中的屋子向妈妈说了，妈妈说第二天会给叮叮看到简图。第二天，叮叮果然看到了妈妈给的简图，妈妈指着墙壁的颜色说："叮叮当初想换成黄色，但是这样的颜色和叮叮选择的窗帘、书柜颜色冲突，所以妈妈给叮叮另外选了几个颜色。

不知道叮叮喜欢不喜欢，叮叮可以选一下。"于是叮叮快速在妈妈提供的壁纸颜色中选了一个，并且对妈妈表示了感谢。

案例中叮叮妈妈的做法就很好，她给了孩子发表意见的权利，然后让孩子自主选择，期间也给孩子提出了问题。妈妈既尊重了孩子的想法，也完成了室内设计。更加重要的是，孩子在参与的过程中逐渐有了独立的思维，加上父母的纠正，还会让孩子学会一些东西，这样的做法对孩子来说是大有益处的。一些父母不愿意询问孩子的看法，在他们眼中，孩子的意见一定是不成熟的、不合理的，这其实是不尊重孩子的表现，而双方一旦出现矛盾，父母就抱怨孩子不理解自己的苦心，孩子则会指责父母干涉自己的自由，于是关系越闹越僵。

有一位父亲想让自己的女儿成才，有一次，一位客人看到他的女儿时，夸了一句女儿的手指修长，是弹钢琴的料。于是这位父亲就想把女儿培养成一个钢琴家，给孩子买了一架钢琴，小女孩却想和伙伴去学习舞蹈，可是父亲根本不听小女孩的话，只要小女孩开口，父亲就让孩子闭嘴，每次女孩都是哭着在家里练琴。有一天父亲出去了，小女孩由于很生气，就用胶水把琴键黏上了。事后女孩很是害怕，于是就离家出走了，最后在一条街上被电瓶车撞倒，受了重伤。

强制孩子去接受自己的意见是没有意义的，父母必须要学会尊重孩子的想法，让孩子把自己的意见发表出来。一些父母会用自己的身份来压制孩子，但是说到底，人生毕竟还是孩子自己的，父母应该把孩子看成家庭中平等的一员，让孩子大胆地发表自己的意见，鼓励孩子大胆地参与家庭事务，要让孩子在有关自己的问题上持有保留、修改、完善自己意见的权利。

　　大人说话，孩子有发表意见的权利，对于孩子的选择，父母如果发现有不妥的地方，可以为孩子提供一些参考意见，但是绝对不可以滥用自己的权威，强迫孩子做他们不愿做的事情。只有尊重孩子的选择，让孩子走自己喜欢的路，孩子才会愿意为此而奋斗，也只有这样孩子才会真正取得成就。

巧花心思，利用一切时间提升幸福感

父母需要巧花心思，把自己每天的时间进行合理安排，然后分一部分给孩子，和孩子们相处。这样做不仅能拉近自己和孩子之间的距离，更能提升双方的幸福感。孩子需要陪伴，父母也一样需要陪伴，所以在陪伴孩子成长的过程中，这是一件互相索取的事情。在长久的陪伴中，家庭生活才能更加和谐。

珍惜早晨的"黄金半小时"

早上起床的半个小时是孩子和父母沟通交流的最佳时机，早晨的时间不能仅仅充斥着父母的催促，它可以成为一场家庭喜剧，也可以成为开启一天美好生活的"钥匙"。父母在这个时间给孩子一点陪伴，会让孩子在一天里都有好心情来应对学习和生活。

父母不要在临上班前的一刻才匆匆起床，也不要在每次出门时都急躁地朝孩子大吼。为人父母的责任，不仅仅是要照顾自己的心情，更要照顾孩子的心情。父母在自己梳洗完后留下半小时的互动时间，可以温柔地唤醒床上的孩子，当孩子从甜蜜的睡眠中睁开眼睛时，可以给孩子一个吻，甚至还可以让这个过程变得更有趣，比如父母可以尝试学公鸡叫、扮演太阳公公，最后再轻轻地送上一句"宝贝我爱你"，无论大人还是孩子，在未来的一天都将有个好心情。

在美国犹他州，有一个名为莱恩·普莱斯的中学生，在他15岁第一次乘坐新学校的校车时，曾经很尴尬，因为他的父亲戴尔·普莱斯坚持要送儿子。莱恩认为，这会让他的同学认为他还没长大，所以莱恩和妈妈请求道："妈妈，能不能不要让爸爸每天送我上学，这样显得我像是一个小孩子一样。"然而，戴尔并没有因为儿子的请求就放弃送别。更加重要的是，他决定每天都装扮成不同的人物送儿子上校车。他曾装扮成各种怪物、喜剧人物和经典电影角色等。而且每天戴尔的服装都不重复，有时他会自己做，有时也会向邻居和朋友借。如今莱恩已满18岁，每天早上坐校车之前他都期待着父亲的新花样。

早起去上学对孩子来说并不是一件开心的事情，这个父亲深知这一点，于是花心思来为孩子开启新的一天。父亲对孩子的爱是无尽的，不然也不会长期坚持下来。孩子也从开始的抗拒到最后的期待，在这个过程中，孩子不仅收获了父亲更多的爱，也收获了乐观、积极的健康心理。在现实生活中，很少有父母在紧张的早晨抽出时间取悦孩子，更不必说扮演角色。

在很多中国家庭中，我们经常会看见这样的情况，早上起床，父母匆忙去找孩子，然后在一阵喊叫和催促中把孩子从床上拉起来，之后就是不断的催促，让孩子拿好东西，然后送去学校，之后父母再匆忙地去上班。孩子在路上的情绪不高，父母也不甚在意，因为在父母眼中，孩子只是起床闹脾气，只要去了学校，一切就会好的。在这样的想法下，父母不太注重孩子早上的情绪，但是长此以往，孩子会越来越厌恶上学。

早晨的黄金半小时是孩子一天的开始，不能因为父母的不在乎而毁掉，孩子的意见会在这个时候形成，糟糕的心情会影响他们一天，而孩子能够调节过来的情况很少。

元元上小学三年级，每天起床是他最困难的事情，所以每天早上就成了家里最鸡飞狗跳的时刻。爸爸妈妈每天早上都很忙碌，爸爸起来就去买早餐，妈妈要负责叫元元起床，加上化妆的时间，导致妈妈每次叫元元起床的时间少之又少。每次她都会在卫生间冲着元元的房间大喊："元元起来了没有啊！"如果元元不答应，妈妈就会进到元元的屋子，更加严厉地说道："我叫你起床几遍了？赶紧穿衣服起来，一会上学迟到了，快点，还要吃饭呢？"然后妈妈把衣服扔在元元的被子上，继续去忙自己的事情。

　　元元对此很是烦躁，因为本来就睡得不够，加上妈妈不断地催促，元元每次起床都是一场挣扎。等他生气地穿上衣服、洗了脸，发现根本没有时间吃早餐，于是只能拿着在车上吃。期间妈妈还要不断地嘱咐他在学校要好好学习、不要和小朋友吵架、要听老师的话、中午要好好吃饭等。元元皱着眉头坐在后面，一脸不愿意地咬着吸管。

　　这样的情景几乎发生在每一个家庭，父母在早上仅有的时间中几乎看不到孩子的情绪，加上不断增加的工作和生活压力，让父母很少能够在极少的时间中去观察孩子的情绪，很多被父母忽略的情绪会成为孩子成长道路上的隐患。早上的时间，对每个家庭来说都是紧张的，不仅是孩子，连大人都想多睡一会儿，但是为人父母，有些东西我们必须要承担起来。因为这是一份责任，也是一份成长，从为人父母的那一刻开始，你的身份角色就已经变了，你必须要为一些东西付出，然后舍弃一些东西。

　　早上抽出半个小时的时间，父母中的一人站在孩子的床边，轻声呼唤孩子的名字，或者用玩具发出声音引导孩子起床。温柔地和孩子说话，可以说一些日常的趣事，不要催促孩子穿衣服，但是可以帮助孩子整理衣服。让孩子学会自立，也要让孩子学会控制自己的情绪。在这样的氛围下，孩子一天的心情都会很好，因为早上对孩子来说是很重要的，他需要调节心情来应对一天的学校生活。除了对孩子的教育，更加重要的是要不断提升孩子的幸福感。

下班之后"水晶一小时"的利用

想要合理利用家庭中的时间，就不能错过下班之后的时间，这个时间孩子放学在家，妈妈在厨房准备晚饭，爸爸也结束了一天的工作。一家人聚集在一起，可以分享一下学习和工作中的趣事，或者让孩子写一会儿作业，父母简单地进行辅导。

职场父母晚上下班回到家后，请尝试在进门的那一刻，脱下烦躁和压力的外套，留下耐心和笑容。不要再过分地指责孩子写作业不认真，也不要嫌弃孩子的外套脏兮兮的，也不要责骂孩子将玩具丢得乱七八糟。要以全心接纳的态度面对孩子，孩子也会因为父母的宽容而非常期待这样的亲子时光。一个小时内，也许孩子的作业还没有完成，但是也要在晚饭上桌的时候拉着孩子一起享受一顿可口的饭菜。晚饭时可以称赞孩子，或许是孩子吃饭认真、没有挑食，还可以来一场吃饭游戏，把饭菜当怪兽，看谁能最快把怪兽消灭干净，谁慢了谁收拾和清洗碗筷，这些都是不错的亲子互动。在这样的沟通中，孩子会感觉到来自父母的关爱，这是有别于学校的活动，是家人之间不能减少的活动。

一个小时不长不短，但对父母来说，这是和孩子沟通的重要时间，因为在这个时间内，你可以听到孩子在学校一天的学习生活。直到吃晚饭的时候，你依旧会得到很多信息。从父母下班、孩子放学，到一家人一起吃晚饭的这段时间，父母要充分地利用起来，因为孩子在这个时间段最想和父母分享自己的喜悦，他们想说一下自己的所见所闻，或者是遇到了什么难题，需要父母的帮助。这个时候，父母要放下手中的事情，把心思分给孩子，帮助他们解决问题，或者倾听他们的故事。

乐乐每天都很期待放学回家的时间，因为不管在学校遇到什么事情，回到家总是能够得到解决。爸爸会给他出主意，妈妈会在厨房偶尔冒出头来说几句。爸爸会耐心地听他的话，妈妈会在晚饭的时候告诉他如何与小朋友相处。乐乐推门进家的时候，爸爸已经在沙发上等着，乐乐放下书包先去厨房和妈妈打了招呼，然后才跑到客厅和爸爸说今天的事情。爸爸耐心地听乐乐说完在学校一天遇到的事情，笑着夸乐乐越来越懂事了。晚饭的时候，乐乐说班里的小朋友过生日，自己被邀请了。于是爸爸妈妈跟乐乐讨论起了挑选礼物的事情。饭后，乐乐就和妈妈窝在沙发上，在手机上挑选着生日礼物。

和孩子在交流的过程中，父母会学到很多东西，因为在这个过程中，父母会更加了解如何与孩子相处，而且也能放松自己的心情。更多的是，父母和孩子能在这个过程中互相了解。父母不仅是倾听者，也可以把工作中的事情对孩子讲一些，让他们知道父母每天在做什么，但是相对来说，要把工作中的压力和紧张隐藏起来。在双向沟通的过程中，父母和孩子可以接触到对方的生活圈子，然后互相影响，父母能在孩子身上学到乐观和纯真，孩子能在父母身上学会承担和努力。

父母要学会利用每一个时间来促进自己和孩子之间的关系，不要把自身的问题迁移到孩子身上。压力不是只有父母会有，孩子一样会有。所以父母在理解他们的基础上，更要抽出时间来陪伴孩子。陪伴孩子，不只是关心孩子的学习，许多父母说会抽出时间来陪孩子，但是他们抽出的时间不过是对孩子学习的重点关注，或许是周六日陪着孩子去辅导班，父母以为自己找到了陪伴孩子的时间，可实际上这些时间都是无效的。

苗苗每天放学回家，从进门的那一刻开始，就会听到妈妈的声音从厨房里传来，告诉苗苗要赶紧写作业，写完作业再吃饭。这天苗苗回到家后，妈妈照常说要苗苗去写作业，但是由于这天最后一节课是美术课，苗苗想先把在课堂上没有完成的画画完，所以没有写作业，而是在客厅里画起了画。妈妈出来的时候，看见苗苗在画画，很是气恼，把苗苗的画笔扔在地上，勒令苗苗去写作业。晚饭好的时候，苗苗的作业还没有完成，妈妈便在旁边看着苗苗写，时不时地指出错误，并询问苗苗老师上课讲了些什么，苗苗不耐烦地回答，然后妈妈继续追问，最后以吵架收场。爸爸回来的时候，母女两个都红了眼睛。妈妈说苗苗不懂事，苗苗怨妈妈不体谅自己，爸爸夹在中间左右为难，只好安抚完了一个，再去安抚另外一个。

本来一天的时间内，孩子和父母的接触时间就不多，到了晚上双方都有时间的时候，却是以吵架收场。这样的情况，在许多家庭也是能够见到的，有时候是因为孩子的学业问题，有时候是因为父母自身的问题，但是最终都给父母和孩子的心灵造成了伤害。在下班后的一小时之间，我们要看到更多的快乐，而不是因为一些琐事而争执。这个时候进行的争执会一直延续到晚上，甚至会影响到第二天早上的心情。没有一个好的心情，一天的学习生活会过得很艰难。合理利用好这个时间，学会正确利用这个时间，就需要父母静下心来，放下自己的压力，给自己，也给孩子一个轻松的环境。

晚饭后的"钻石两小时"

陪伴孩子成长，是现在的父母必须要做到的，但往往也是很难做到的，因为在很多时候，父母工作以及压力会让他们把更多的时间花在自己身上，也许最后分配到孩子手里的时间会少之又少。

家人的幸福其实很简单，茶余饭后有个聊天的话题，孩子能够说出在学校发生的事情，父母给孩子出一个主意，或者告诉他们如何学习，或者教他们如何与同学相处，再或者参与孩子的课后作业。在晚饭后的两个小时内，父母和孩子可以一起静下来度过一个愉快的晚上。在这段时间内，父母可以陪伴孩子玩耍，孩子也能成为父母放松的好助手。孩子的要求有时候并不高，他们不过是需要陪伴的时间，而现如今这样的要求，很多时候都很难实现。

父亲下班回到家已经很晚了，他十分疲惫，急切地想休息一下。这时，他发现 5 岁的儿子正靠在门边等他。儿子说："爸爸，我可以问你一个问题吗？"

"什么问题？"

"你一个小时可以赚多少钱？"

"为什么问这个？"

"我只是想知道，请告诉我，你一个小时能赚多少钱？"小男孩哀求道。

"我一个小时可以赚 20 美金。"父亲拗不过孩子，不耐烦地回答。

"哦，"小男孩又说，"爸爸，你可以借我10美金吗？"

父亲一听就生气了："不要想着去买那些没有用的玩具，你现在就给我回到房间并上床。你为什么这么自私？我每天那么辛苦，你根本无法理解，我没有时间和你玩儿小孩子的游戏。"小男孩听了，什么也没有说，安静地回到了自己的房间，并关上了门，父亲则生气地坐在客厅里。过了一会儿，父亲的情绪渐渐缓和了下来，他觉得自己刚才太冲动了，儿子很少跟自己要钱买东西，也许儿子并不像自己想的那样，只是为了买一些没有用的东西。于是，父亲走进儿子的房间，发现儿子正躺在床上，他轻声问："孩子，你睡了吗？"

"没有，爸爸。"小男孩蔫蔫地回答。

"对不起，刚才我对你太凶了，"父亲边说边将钱递给儿子，"这是你要的10美金。"

"谢谢你爸爸！"小男孩的表情立刻从沮丧变成了兴奋，他欢叫着从枕头下面拿出了一些皱巴巴的钞票，慢慢地数了起来。

父亲看到儿子这样，又有些生气起来，他问："你明明已经有钱了，为什么还要跟我借？"

"因为不够，但是现在够了。"小男孩开心地回答着，然后把手里的钱递到父亲面前，"爸爸，我现在有20美金了，可以向你买一个小时吗？明天我想请你早点儿回家，因为我想和你一起吃晚饭，我已经盼望很久了，可以吗？"

父亲听了以后愣住了，他紧紧地抱住了儿子，默默地点了点头。

这个故事很感人，也反映出了一个十分现实的问题，那就是越来越多的父母很难抽出时间来陪孩子。白天公务缠身，晚上说不定还要加班加点，周末没有时间休息，好不容易空闲下来，还想好好睡一觉，怎么会想着陪孩子玩耍呢？在这样的压力下，孩子和父母待在一起的时间会越来越短。正因为如此，才需要父母合理利用时间。而晚饭后的两个小时，可以说是每一天中的"钻石时间"。这个时候晚饭已经吃完，父母能够闲下来，孩子也许已经写完作业，或者正要开始写作业。父母可以坐在一旁，帮孩子解释题目，顺便和孩子沟通一下学业上的困难。

父母要懂得向孩子表达你的爱，在有限的时间内告诉孩子父母对他的爱是无限的。传统的中国父母大多认为爱的表达要含蓄，更有人认为对待孩子要像老话说的那样：疼儿不让儿知道。但是孩子还小，他们没有办法感受到来自父母心底的爱，他们需要的是切实的爱、肯定的爱以及能让他们切身感受到的爱。孩子在专注于父母是否爱自己的时候，也是在学习如何去爱。这就需要父母和孩子在一起进行沟通，并且是有爱的沟通。

父母应该尽量抽出时间帮助孩子解决一些问题，也许这些问题对父母来说微不足道，但是对孩子来说却是每天需要思考的。孩子渴望父母了解并帮助他们，所以才需要父母花费时间来陪伴。珍惜晚饭后的两个小时，父母能够帮助孩子解决很多问题，并且让一家人在有限的时间内完成沟通，这样的沟通是一家人之间感情联系的纽带。

研究证明，一个小时候得到父母全心关爱的孩子，长大后更能成为一个身心健康、精神乐观、阳光自信的人，而这样的孩子往往更会关心和爱护他人。父母不要吝啬你的语言，要把握好时间，向孩子表达你的爱意，让他们感受你的喜欢，让孩子遨游在父母之爱的海洋中，他们会像鱼儿一样自由自在地快乐成长。

重视碎片的"珍珠时间"

除了特定的时间段以外，父母还可以利用各种碎片时间陪伴孩子。这些碎片式的陪伴能够让孩子感受到父母之爱无时不有、无处不在，达到润物细无声的效果。父母要知道，陪伴不是拼谁陪着孩子的时间长，而是比谁花的心思更多。

陪伴不是目的，而是手段。要学会用更多的方式和方法陪伴孩子，碎片时间的利用一样能让孩子获得足够的安全感，让亲子关系更为和谐。为了建立良好的亲子关系，父母需要花费时间来建立和维系，感情是需要在长期的互动过程中建立的，同时需要日常行为进行维系。当你送孩子上学的时候，在校门口可以给孩子一个拥抱，告诉孩子他是最棒的，然后目送孩子进去，时间不需要很多，但是会让孩子信心满满。

中午的碎片时间一样可以利用起来。在孩子午休的时候，可以和孩子通话。如果孩子在家有人照顾，那么刚好有人帮助父母和孩子进行视频通话。如果孩子已经进入幼儿园，则要尽可能地自己送孩子上幼儿园，然后赶在孩子从幼儿园放学之后来一次视频通话。这样做的目的是为了让孩子时刻都感受到父母就在自己的身边，不断地建立孩子的安全感，让他们感觉到每时每刻父母都在陪着他们。

乐乐上幼儿园了，原本在家的时候就很黏着妈妈，现在上了幼儿园，每天都不想去学校。妈妈每天都亲自接送乐乐去学校，为了让乐乐适应学校的生活，乐乐妈妈每天在校门口，会把前一天晚上准备好的小盒子交给乐乐。这是妈妈和乐乐的约定，乐乐中午午休的时候，可以打开看，每次都有不一样的小惊喜，有时候里面放着乐乐和妈妈的照片，有时候里面放着妈妈写给乐乐的字条，有时候里面会有糖果。乐乐在小盒子中找到了乐趣，每天都感觉妈妈在自己身边。放学的时候，妈妈总是在门口等着自己，渐渐地，乐乐习惯了幼儿园的生活。

乐乐妈妈的做法很管用，因为孩子不想离开父母几乎是天性，越小的孩子，越不想离开父母。但是为了锻炼孩子的能力，父母必须让孩子学会独立，只是这需要一个过程。在这个过程中，父母不妨把每天的碎片时间利用起来，帮助孩子适应新环境，更为重要的是，要给孩子足够的安全感。

晚上的陪伴对孩子来说同样是重要的，但是有时候父母也会身不由己，如果出现偶尔加班太晚，担心回家之后孩子已经睡了，那么可以提前录制一些音频和视频，让家人放给孩子看。视频可以是自己在办公室里溜达一圈，说说话；也可以是读一本绘本。即使不能有实时反馈，但是让自己的声音和图像能够尽可能多地传递给孩子，比什么都没有要好得多。这样的时间利用一样是为了让孩子感觉到父母无微不至的爱。

笛笛每天晚上睡觉之前都会要求妈妈给自己读故事书，每天一个小故事，陪伴着笛笛长到现在。等到妈妈把故事讲完，笛笛就会安安稳稳地去睡觉，妈妈会在关门之前给笛笛一个晚安吻。故事时间加上晚安吻，让笛笛一整晚的生活都很快乐。笛笛妈妈在笛笛很小的时候，只要自己有空闲的时间，就跟着笛笛去玩耍。即便是自己没有时间，也会在一点点的碎片时间中准备点东西给笛笛，在这样的环境下，笛笛成长得很健康，她乐观向上，积极和外界接触。上幼儿园的时候还兴致勃勃，回家会和爸爸妈妈说幼儿园的事情。幼儿园的老师告诉笛笛妈妈，笛笛在幼儿园很受欢迎，小朋友都喜欢和笛笛玩耍。

　　父母有时候或许不能陪在孩子身边，但是可以用心去做一件事情。只有用心去做，孩子才会感受到你传达的爱意。孩子是敏感的，他们更多地关心着外界的环境，更多地关注着父母的感情。只有对孩子进行用心的陪伴，才可以不断地提升孩子的幸福感。

周末节假日的深度陪伴

周末以及节假日，父母和孩子有充分的时间沟通，平日里有些问题的解决，也可以适当地移动到节假日来安排。对孩子来说，节假日是休闲和娱乐的时间。但是现在许多父母都剥夺了孩子的周末时间，越来越多的辅导班让孩子们喘不过气来，父母要学会给孩子减压。

父母要在适当的时候陪伴孩子，特别是在孩子年纪还小的时候，这个时候孩子的想法还不成熟，他们更依赖父母的陪伴，不管遇到什么事情首先想到的都是父母，所以这个时候的孩子更加能够体会到父母的直接的爱。现在的许多家庭中都在开展亲子游戏，可以这么理解，只要是属于父母和子女之间的有沟通、有合作的活动，都算是亲子游戏。所以，父母不妨在周末和节假日安排一些亲子游戏，和孩子度过一段快乐的时光。

父母参与到游戏活动中，以平等的姿态和孩子相处，不摆架子，更加能够理解孩子的心意。游戏本身的趣味性让孩子能够在其中感受到乐趣，能够发挥自己的想象力，更为重要的是，父母也能从其中感受到与孩子互动的乐趣，这对提升孩子的幸福感和自身的幸福感都是有作用的。许多亲子游戏都需要多方共同参与，这就需要很强的团队精神，能够让孩子积极地向父母寻求帮助和配合，这也是一种寓教于乐的方式。

幼儿园举办了亲子活动日，为了让孩子们能够更多地和父母进行游戏和沟通，所以幼儿园邀请了每一个小朋友的家长参与。其中有一个小脚踩大脚的游戏，要求每个家庭由一名家长和一名幼儿参加，幼儿双脚踩在家长的脚上，家长和幼儿手拉手，听到口令后，家长带着幼儿向前跑，幼儿的双脚不能离开家长的脚，看看谁先到终点。每一组有十个家庭参与比赛，最先到达的三个家庭会有相应的奖励。

毛毛的爸爸是医生，平常上班很忙，加上科室经常会出现突发情况，所以很少有时间陪毛毛玩耍，妈妈竭尽所能地照顾毛毛的心情，但毛毛毕竟是小孩子，有时候还是要闹脾气。这一次的活动，毛毛爸爸答应毛毛会来，但是直到所有家长都到齐了，毛毛爸爸还没有出现。妈妈硬是拉着毛毛进去了，但毛毛依旧很不开心。到了最后的节目表演环节，老师说今天会有超级英雄来，小朋友们都很期待，然后就看见舞台上出现了一个变形金刚人偶，制作得很逼真，小孩子们都在下面喊叫，毛毛的注意力也被吸引了过去，因为台上的变形金刚是毛毛最喜欢的一个人物。变形金刚在台上做动作，引得台下一片欢呼。最后变形金刚脱下了头套，毛毛才看见那是爸爸，他高兴得直接跑了上去，爸爸把毛毛抱了起来，对毛毛说："变形金刚是毛毛的超级英雄，也是很多人的超级英雄。毛毛喜欢的超级英雄是做什么的呢？"毛毛大声说道："拯救世界。"爸爸笑得很开心，觉得晚上有必要和儿子好好说说话，然后陪孩子玩耍。

亲子游戏不仅能加强父母与孩子之间的互动，联结情感，对孩子个性的培养也很有帮助。在父母和孩子的互动中，一样能够培养孩子的操作和认知能力。在与父母协作、沟通时，孩子能对人与人之间的交往有一定的体会，有助于提高孩子的人际交往能力。

父母需要花费时间在孩子的身上，一起做游戏，一起学着成长和面对很多事情。周末的时间充裕，父母可以带孩子一起去郊外走走，进行一次野餐，或者和孩子去爬山，看看自然风光，在相处中体会到家庭的快乐，不断加深彼此之间的感情，提升家庭幸福感。

父母在养育孩子的过程中，有时候会忽略掉孩子的玩耍时间，我们看到很多父母在孩子的教育上下大功夫，但是很少考虑孩子的玩耍时间，更不必说一起陪着孩子玩耍的时间，当孩子还小的时候，父母还会抽出时间来陪着孩子玩耍，等到孩子上了小学，或者上了初中，父母几乎就把精力都放在了孩子的学习上，更加关注成绩。

东东的妈妈一直很注重周末的家庭聚会，大女儿今年上初三，小儿子东东也上小学三年级了。从两个孩子一上学，妈妈就开始张罗每一周的家庭聚会，周六上午会带着孩子去超市买菜，回家后一家人开始张罗一顿午饭，下午的时候会根据孩子的意愿和天气去公园做游戏，小的时候带着他们堆积木、玩儿玩具，大一点的时候就去公园画画。后来女儿学习了山水画，许多作品都是在公园完成的。东东比姐姐小几岁，一直跟着姐姐玩儿，后来为了不打扰姐姐画画，于是东东就转移了注意力，跟着爸爸和公园的其他小朋友踢足球。一家人的周末聚会持续了好几年，除非天气不好，不然一家人总是会外出活动。即便是在家里，也会一家人进行一些游戏。两个孩子已经把周末的聚会当成家庭生活的一部分，而父母也在聚会中了解了更多关于孩子的信息。

家庭成员的聚会拉近了彼此之间的感情，孩子能够感受到父母的爱，他们会更加信赖父母，会更加愿意和父母交心，不管任何时候，这样的父母必然都是成功的。伴随着孩子逐渐长大，很多孩子不愿意把自己的心事和父母分享，是因为他们和父母之间有隔阂。也正是因为如此，才导致了家庭成员之间感情变淡，加上父母忽略了对孩子的陪伴，孩子和父母的关系自然不好。父母必须要利用自己的有效时间和孩子交流，对孩子进行深度陪伴，这样才能了解孩子的内心世界，真正走进他们的心里。

让孩子慢慢成长

养孩子不是养花，但也胜似养花，因为你要精心地照顾孩子，纠正他的错误，然后等待孩子成长。等到有一天你发现孩子长大的时候，就像自己也长大了一样，你在孩子身上找到了成就感，还有亲近感。

教养孩子需要教育，也需要养育。养孩子可以慢一点，让孩子成长得更加稳重，在孩子学习爬行的时候，就让她慢慢爬，不要着急让他走路；等他学习走路的时候，就让他慢慢走，不要着急跑步。让孩子慢一点，尽可能地让父母有时间参与到孩子的成长中来，用心养育好一个孩子，也是为人父母需要上好的一课。孩子在十八岁成年的时候，就已经成为大人了，所以他们作为孩子的时间很短，只有十八年。而青少年时期已经是"儿童后期"了，接近于成年人。时间越往后，孩子就离父母的教育越远。孩子所接受的更多的是社会教育和自我教育，父母的影响作用越来越小。

如果一个孩子已经有十四五岁，那么他身上存在的坏毛病往往很难根治，父母越是教育，他就越反感。这是因为在孩子成长的过程中，父母教育失衡，在能够引导孩子的年限中，父母过快地扮演着自己的角色，孩子还没有理解事情的意义，父母已经急不可待地推着孩子走向下一个进程。养育孩子，要慢一些，就像浇花，要把水浇透了，再等待花开。

让孩子慢一点成长，父母才能在这个过程中把教育进行得更加透彻。孩子在幼年时期，有着很强的可塑性，这个时候要给孩子足够的教育，才能让孩子成长得更好。过快地催促孩子成长，会减少孩子探索世界的时间，也减少了孩子试错的机会。要让孩子成长为能够担当责任的人，就需要好好地对待孩子的童年，尽可能地让孩子脚踏实地地成长，让孩子走过的每一步路都留下脚印。

孩子的人生只有一次，父母的教育机会也只有一次。父母在教育孩子的过程中，只有明天的更好的教育方式，不可能返回到昨天修正过去的错误教育。所以要尽可能地让自己的教育慢一点，适合孩子一点。不需要着急，因为水到渠成，事情刚刚好的时候，孩子也就成长了。

一位年轻的妈妈牵着一个大约四岁的孩子在林荫道上散步，一只小狗跑了过去，孩子被吸引住了。孩子突然用力拉住妈妈的衣角往前走，妈妈便牵着孩子的手往狗狗走的方向追去，追了一段时间后，终于在一家小院子的门口看见了狗狗，妈妈征得了狗主人的同意后，让孩子摸了摸狗狗，孩子因为摸到了狗狗，很是开心，过了一会儿才心满意足地跟着妈妈离开。走到银行门口，孩子发现门会发出"欢迎光临"的声音，于是孩子又拉着妈妈在自动门进进出出。在这个过程中，妈妈一直耐心地看着孩子。

等到要回家的时候，孩子又在路上被一只青蛙吸引了，于是抬头对妈妈说道："妈妈，你等等我。"妈妈回答说："好的，宝贝。"小孩子蹲在地上看着青蛙，直到青蛙消失在草丛中才抬起头，拉着妈妈的手往回走，天色渐晚，但是妈妈和孩子笑得都很开心。

案例中的妈妈给了孩子足够的时间，让孩子慢慢地行走，这个妈妈不仅有智慧，更多的是耐心，她了解这个时期孩子的敏感心灵，并且给予了孩子足够的心理营养和成长空间，让孩子慢慢成长。父母要相信，眼前的等待不会辜负了自己的教育，当孩子成长为一个大人的时候，你花时间所培养出来的人会让你无比欣喜，你的内心会很庆幸。孩子虽然成长得慢，但是每一步都值得期待，每一段成长的时光都很好。

放低期望，降低要求

父母对孩子有希望，是因为天下所有的父母都希望孩子能够在将来过上比自己更好的生活，这是无可厚非的。所以从孩子小时候开始，父母便要求孩子完成各种目标，甚至把自己曾经达不到的目标和想要活成的样子全数寄托在孩子身上。他们认为孩子是自己的，就必须要活成自己理想中的样子。

生活中有很多父母都望子成龙，望女成凤，恨不得孩子能够把所有的事情做好，父母的期望没有上限，只会一次比一次高。欲望是无穷的，父母在面对孩子的时候更是如此，不管孩子做得多好，父母永远希望孩子能够做得更好。孩子在班里考了第一名，父母希望孩子在全校也考第一名；孩子在学校考了第一名，父母还希望孩子在区里、市里考第一名。在父母眼里，孩子的优秀程度越高，越能够过上好的生活。所以，父母剥夺了孩子玩耍的时间，剥夺了孩子游戏的时间，强加给孩子各种辅导班，然后紧盯着别人家的孩子，生怕自己的孩子落后一点。于是，孩子在各种重压下越来越不是自己，越来越成为一个期待品。他们感受不到童年的快乐，他们会越来越想逃离，逃离父母的期待值，逃离生活。

一位老师和班级第一名的孩子的爸爸聊天，孩子的爸爸说："我儿子脾气太大了，还没说上两句就怒气冲冲的了。"老师赶紧问道："说的什么事呢？难不成说两句就生气？"孩子爸爸很无奈地说："哎，他每天玩儿游戏，一点儿也不自觉，还不让人说。"老师这才笑着说道："玩游戏就让他玩儿呀，你儿子这么优秀，成绩全班第一，而且一直很自觉，自己买课外题做，学习很上进。"可是孩子的爸爸一点儿也不觉得儿子很上进，对老师的话一一反驳。

"他语文成绩还不行，每天只顾着玩儿。要是语文成绩再好一点儿，能够到全校第一名的，现在也只是前五罢了。以后还要上重点高中，市内考试要是能考到第一名，那才是最大的荣耀。"

之后无论老师怎么说，孩子爸爸都有反驳的理由。老师很是苦恼，因为不是他一个家长对孩子要求太高而不自知。每次试一考完，班级群里都是家长抱怨孩子哪一科又退步了，要是分数再高一点儿就好了这样的言论。老师虽然进行了开导，但是家长对孩子们的要求一点儿也不曾降低。

父母过高的期望会让孩子的快乐减少，孩子在一心满足父母的要求的同时，会失去自己的乐趣。孩子不愿意和父母沟通，家庭的欢乐自然也不会增多。有时候，父母就像童话故事里的那个老太婆，不停地向金鱼索取，永远不会满足。孩子原本想学习画画，但是父母认为那是没有用处的，于是孩子面对的只有更多的习题。孩子想外出游戏，但是父母认为那是没有意义的，所以孩子面对的只有书桌。父母放不下自己的期待，永远看不到孩子好的一面，孩子渴望得到的鼓励，在父母眼里也是微不足道的。所以，家庭中的交流会越来越少，孩子也越来越不愿意和父母沟通。一个家庭没有了交流，还有什么幸福可言。

试想一下，每天下班回家，孩子已经在学习，当你想询问他们白天的学习生活的时候，他们会以不想被打扰为由，拒绝你的提问。而作为父母似乎也没有理由反驳，因为孩子在学习，而他们的这种行为是你要求的。当你有时间想和孩子谈心的时候，孩子已经封闭了内心，不想再和你交流。没有家庭的嬉笑，没有家庭活动，永远只是各自忙着各自的事情，这样的家庭哪里会有真正的幸福感。父母放低自己的期望不仅是为了孩子，也是为了自己，生活中的幸福感很好找到，只是父母不曾去发现。

小七在班里的成绩中等偏上，虽然老师说过可以适当地给孩子进行补习，但是小七的妈妈一直没有强迫小七去做，因为小七不想，小七说自己在学校有好好听课，也有好好写作业。于是妈妈就没有给小七报辅导班，不过妈妈和小七约定，考试要尽自己最大的努力。小七点头，虽然每一次考试的名次起起落落，但是小七的确每一次都在进步，只要是犯过的错误，小七都不会再犯，而且分数每一次都在渐渐提高。每一次小七考试后，妈妈都会夸小七进步，然后适当地减少对小七的压力，并告诉小七做到尽自己最大的努力就好，不需要和别人争什么名次。于是，小七家里从来不会发生因为孩子成绩而大吵大闹的事情。每天隔壁的孩子因为成绩和作业与父母哭闹时，小七家中总是其乐融融的。

父母降低了对孩子的期望值，不仅是在给孩子减轻压力，更是对自己心理压力的释放。因为不再苛求孩子，自己也不会有太大的压力和失望，这样一来，孩子会好好成长，自己也能看到孩子身上的进步。对孩子没有那么多的高要求，孩子在尽力做一件事情后，也许会失败，但是这时的失败对父母来说不会过于失望。父母还依旧能看到孩子身上的闪光点，依旧觉得自己的孩子是有能力的。父母不苛责孩子，孩子的自信心也会逐渐提高，不会因为一件事情的失败而变得小心翼翼。

父母要知道，孩子虽然是你的孩子，但他们的人生不是由你决定的。你给了他们生命，但是时光给了他们未来，你能帮助他们成长，陪伴他们成长，但是你不能主宰他们的人生。家庭中拥有的温暖是最令人舒心的，所以不要亲手把孩子推开，不要让孩子的心离你越来越远。

给足空间，让孩子自由独立地成长

孩子在成长的路上，势必要一个人走过一段路，孩子需要更开阔的空间，一个可以不被父母干涉的空间。对孩子来说，这个空间是有必要的，父母应当适当地松开自己的手，让孩子自己去探索空间，去自由成长。

著名教育家陶行知先生说过，孩子的成长和发展需要有一个宽松的、开放的、积极的引导环境，需要在父母的热切期望和等待中来迎接孩子的成长。孩子的发展要遵循天性，不能任意抹杀孩子的创造欲望和玩乐心态，要让孩子自由发展。在教育孩子方面，每个父母都有自己的办法，但是否能够真正教育好孩子，就因人而异了。很多父母在教育孩子的过程中，或过度地把心思花费在孩子身上，不断地规划孩子的成长空间，把各种条条框框给孩子规定好，然后让孩子在固定的空间内长大。这样的教育不是养孩子，而是在操控孩子。

真正的养育是在该放手的时候放手，在该拉一把的时候拉一把。孩子要走自己的路，要做出自己的选择。孩子不该被困住，他们需要见识到更广阔的世界。父母需要放开手，让孩子自己走。不要让孩子成为一个总是黏着大人的孩子，让孩子自立，给孩子创造机会，给他们自由选择的权利，给他们足够大的空间，不管是犯错还是正确进行，都要让孩子去面对。责任和喜悦，总是要他们自己在摸爬滚打中学习。孩子的成长不仅包括身体的成长，更主要的是他的语言、精神、气质、思想以及为人处世的能力都将得到不同程度的提高和发展。

很多时候，父母往往采取一些过于积极的教育措施，如请家教、报特长班等，并采用强制措施进行管束，这其实是不利于孩子自由、健康、快乐地发展的。

圆圆出生的第一天，妈妈就对爸爸说："以后孩子的事情让她自己做主。"爸爸一听就笑了，说："孩子这么小，懂什么呀？还是得听大人的。"妈妈反问："难道一辈子都听大人的？孩子总是要自己成长，学会自己做主，晚学不如早点学。"妈妈是这么说的，也是这么做的。

圆圆1岁的时候，妈妈发现她对音乐很敏感，于是经常放音乐给孩子听。她没有盲从所谓的专家推荐的曲目，而是注意观察圆圆的反应，如果圆圆听音乐时不集中注意力，小手乱晃，就说明她不喜欢这支曲子；如果圆圆听音乐时笑呵呵地，还跟着咿咿呀呀，就说明圆圆很喜欢这支曲子。妈妈会根据圆圆的这些不同的反应来选择播放的音乐。

等到圆圆大一点的时候，妈妈会在很多事情上征求圆圆的意见，比如是否要下楼玩耍，是吃苹果还是梨等。圆圆和妈妈去逛商场，衣服都是圆圆自己挑选的，妈妈只是在一旁给出参考意见。虽然圆圆有时挑的衣服并不是很合宜，但是随着年龄的增长和经验的丰富，圆圆的出错率越来越低了，也越来越有主见了。而后家里买东西，妈妈都会问问圆圆的意见。圆圆一直在表达自己的意见，会经常跟妈妈交流，妈妈也会鼓励她说出自己的想法，即便很可笑，妈妈也从来不笑话圆圆。随着时间的推移，圆圆考虑事情越来越周到，语言表达能力也越来越强。

圆圆妈妈没有给孩子太多的拘束，所以孩子能够自由成长。父母要帮助孩子，但帮助不是控制他们的生活。对于孩子的教育，父母更多的是要指点，并鼓励孩子去思考、去实践。孩子如果是胆小的、怯弱的、没有主见的，请不要责怪你的孩子，而是要反思自己。要学会放手，要鼓励并帮助孩子勇敢地承担对自己甚至对家庭的一部分责任，把原来属于孩子的事情交给孩子自己去完成，让孩子自豪地说："我的地盘我做主。"

孩子需要的空间，多数情况下得由父母亲手给予。因为在学校和社会上，他们面对的事情很多，要解决的事情也很多。外界的空间已经足够大，正是因为这些空间，孩子才能学会成长。而父母面对孩子所拥有的空间时，很多时候会进入或者干涉。因为父母的不放心，因为父母的过分溺爱，都会让孩子的自由空间缩小。有的父母会成为包办型父母，每天的学习生活父母都要管，吃饭需要父母喂，书包要父母拎。学校布置了手工作业，也是父母动手做。于是孩子需要自己做的事情就会越来越少，处理事情的能力也得不到提高。

学会放手，给足空间，是父母必须面对的一件大事。动物要学会自己觅食，这样才能在弱肉强食的动物界生存下去，孩子经历自己独立处世才能长大成人。只有经历过很多事情，才能造就一个强大的灵魂。父母需要松开手，让孩子自立自强。给孩子空间，创造空间，想让孩子成为一个有担当的人，很多时候父母要学会示弱。父母分出一块天地，让孩子能够自由成长，在很多事情上要尽可能地减少干涉，才能让孩子有自己的看法和独立的思维。

爱与规矩，让孩子成为
受欢迎的人

爱孩子，也要让孩子懂得规则，父母要学会正确地教育孩子，而不是一味地宠爱孩子。一个孩子身上充满了爱，还能遵守社会的法则，这样的孩子势必会成为一个优秀的人。心中有爱，孩子才会爱人，爱世界。遵守规则，孩子才能有序成长，不会陷入深渊。爱和规则同行，让孩子成为一个受欢迎的人。

要学会教育你的孩子

孩子的成长需要鼓励，也需要教育。父母既不能一味地打击孩子，也不能一味地保护孩子。既要让孩子看到世界的美好，也要让孩子看到世界的残酷。因为父母不能一直保护孩子，孩子总有一天要独自面对世界，这个时候他必须要有勇气、能力和责任心去面对挑战。而这份勇气和能力，是孩子从小就要学会的，也是父母需要教给他们的。

现在，不管是社会上，还是网络上，人们开始更多地去谈论教养。因为现在生活水平提高了，但是相对来说，人们的教养和行为却跟不上生活水平提高的速度。我们看过很多关于中国游客的新闻报道，新闻里中国游客的不文明行为让很多中国人感到愤怒和丢脸，而在现实生活中，不文明行为也并不少见。比如我们很容易看到许多"熊孩子"，在别人家里乱翻东西，在公共场所大声喧哗，乱动陌生人的东西等。这样的例子需要广大父母反思，如果不想自己的孩子变成人人讨厌的"熊孩子"，就要从小抓起。

一个人为人处世的能力以及身上所持有的气质，都会在生活中的小事情上体现出来。俞敏洪说过："教养是什么？教养就是当你走到一群人中间，你的行为恰当得体，让人感到礼貌和愉悦。"关于教养的培养，需要在孩子很小的时候就进行。孩子是一面镜子，能够照出父母的诸多不足。孩子的教养问题，说到底还是对父母教养的考验。父母在教育孩子的时候一方面要反思自己，一方面要教育孩子。父母要学会教育孩子，不仅是为了当下，更是为了孩子的未来。只有对孩子的教育下了心思，才能让孩子成为一个真正有教养的人。

一位父亲带着孩子出去吃饭，孩子和几个小伙伴在一起，玩儿得很是兴奋，渐渐地嗓门就大了起来。孩子的父亲发现后，赶紧把孩子拉了回来。告诉孩子，这是大家吃饭的地方，不能大叫。孩子安静了片刻，再次和小朋友嬉闹在一起，父亲只好再次把孩子拉回来，严肃地告诉他不可以打扰其他人用餐，应该坐到自己的位置上。小孩子很不情愿，于是爸爸就把孩子带到了外面。爸爸和孩子说道："爸爸和你说了问题，但是你没有深刻地意识到，所以要接受惩罚。爸爸和你说了两次，你都没有改正，所以我可以陪你一起受罚，因为爸爸没有教育好你。"

孩子是很难控制自己的情绪和行为的，但是父母一样要管教好他们。案例中的父亲没有在公共场合打骂孩子，却规劝了孩子，更重要的是他能够让孩子认识到自己的错误，并且以身作则给孩子树立榜样，这样的父亲教育出来的孩子必然也是有教养的。从这件小事上就能看出来，这位父亲的教育方式是可行的，他不仅仅是帮助孩子树立了正确的行为准则，更是把教育孩子落实到了细节之处。

很多时候孩子会不可避免地犯错，这个时候许多父母会给孩子找借口，"孩子还小，长大就懂了"。孩子还小不是理由，如果现在不教会孩子怎么做，他长大了依旧不会。也许父母和亲人会容忍孩子做的每一件错事，但是这个社会不会。孩子闯祸的时候，父母用孩子还小这样的话来搪塞，这是对孩子成长的不负责任，父母要知道，你不好好教育孩子，总有一天，社会会替你狠狠地教育他。

　　还记得之前看到的一则新闻：在一辆公共汽车上，一个小孩子不停地伸脚踢对面男子的小腿，男子阻止了几次，但是孩子仍不为所动。值得一提的是，当时孩子的奶奶也在一旁，但是她并没有对孩子的行为进行劝阻。最后，男子生气地站起来，把孩子直接抱起来摔在了地上。这个时候大人才反应过来，斥责男子和小孩子计较，然后就是一阵鸡飞狗跳。

　　网上对这件事的评论褒贬不一，一些人说男子行为过激，也有人认为小男孩应该吃点苦头。客观地来看，这件事情中没有真正的赢家，一方面，男子的行为的确过激，不管是在道义上还是在法律上，他可能都会被谴责。而对小男孩来说，他为自己的行为付出了代价，这一摔可能将让他铭记一生。从这件事情中，父母应该得到更多的警示，是否你的孩子也行为有失？孩子还小是事实，但是不应该成为犯错的借口，孩子还小，但是父母不小了，熊孩子的背后其实是父母教育的缺失。如果你的孩子也是一个"熊孩子"，那么你就应该即时反省自己的教育方式了。

　　教育好孩子，不是为了满足父母的虚荣心，而是为了让孩子在将来没有父母陪伴的日子里能够一个人很好地生活，是为了让他能够更好地适应社会，而不是让社会来迎合他。父母过度地保护孩子，认为自己的孩子是珍贵的、独一无二的，不管孩子犯任何错误都可以被原谅，但是社会不会特殊对待你的孩子，在社会上没有人会迁就你的孩子。当他有一天走出校门，走上社会，你失败的教育一定会让你的孩子吃尽苦头。

　　父母要让孩子明白，这个世界不是你说了算，也不会因为你的年龄和你的任性会为你让路，成长是一件需要认真对待的事情，你必须对自己负责，也要尊重身边的每一个人。

孩子太懂事，并非是好事

我们常常会听到这样的夸奖，你家孩子真懂事。但是，懂事的孩子真的快乐吗？事实上，懂事的孩子并没有我们想象中的那样快乐，相反，也许他们过得很糟糕。因为他们被冠上懂事的名号后，也就意味着他们被迫放下了许多同龄人该有的东西。

很多时候，父母眼里的懂事有些近似于"穷人的孩子早当家"的味道。孩子还小的时候就要俭朴，要刻苦学习，压抑自己的欲望。国内有一档节目，节目中每次出现的农村孩子，几乎都是懂事的，他们在过小的年纪中承受着命运的苦难，但是这样的苦难是他们被迫承受的。因为条件不允许他们任性，从他们出生开始，家庭的重担便已经压在了他们的身上。懂事的孩子过早地体会到了艰难，然后只能放下自己的任性，学会生存。

一个孩子读高中，家里贫困，但是父母还是尽力让他上学。孩子知道家里条件不好，所以从来不参与同学的活动，也不敢买零食，更不会问家里人要钱买新衣服，一年四季穿的全是校服，唯一的安慰就是全校规定统一穿校服，这成了他最后的和同学们相同的地方。孩子很懂事，不会因为自己的欲望而为难父母，有时候交了书本费，伙食费已经没有多少，所以他只能打一份菜吃两顿，中午和晚上只吃两个馒头。以至于盛饭的阿姨都同情他，几次带着他去后厨，从大盆里给他加一些菜。

案例中的孩子十分懂事，也许会被一些父母当成正面教材来教育自己的孩子。但你是否想过，这个孩子快不快乐？从案例中我们能看出来，他过得一点儿也不快乐，甚至可能会自卑。所以，你真的希望自己的孩子和他一样"懂事"吗？诚然，案例中这个孩子的情况是被现实所迫，无法避免。但是在有条件让孩子过得快乐的家庭中，如果以这个孩子为标准来要求自己的孩子，是不是过于残酷了呢？

大多数的时候，懂事的孩子都有一个特点：过早地注重他人的感受，放弃自己的诉求，不敢任性，做事小心翼翼。这样的孩子在内心是低自尊的，总觉得自己的需求无所谓，而大人对自己的评价高于一切。很多孩子会默默地为父母着想，他们小心翼翼地观察着周围的世界，生怕给别人造成一点麻烦。于是他们克制自己的欲望，受了委屈也不敢言语。所以，有时候孩子太懂事并不是一件好事。在条件允许的情况下，父母要想的不应是如何让孩子懂事，而是要改变自己"懂事的孩子才是好孩子"的观念。

亦如的家庭经济情况一般，不富裕，也不至于拮据，但是亦如的妈妈很喜欢说"不要买""没必要""浪费钱"。亦如妈妈十分节俭，为了家里精打细算。受到妈妈的影响，亦如从上学开始就不太和家里强求什么东西，懂事得不像个孩子。别的孩子要求吃肯德基的时候，亦如被妈妈拉了回去，虽然哭过几次，但事后也就好了。后来上了大学，亦如想买台电脑，妈妈说没有必要，等工作挣钱的时候自己再买。亦如不想给家里添麻烦，于是大学四年都是借室友的电脑写东西。亦如上班后，工资都交给妈妈保管，亦如也没有计较。亦如每次去亲戚家里做客，或者和同事小聚，总是显得很拘谨，生怕麻烦别人。

案例中的妈妈培养了一个十分"懂事"的女儿，但是这样的一个孩子长大成人后，完全没有同龄人该有的活泼与精彩，就像是被妈妈操控的木偶，而她的"懂事"也让她在人际交往方面产生了一些障碍。有些父母总是抱怨自己的孩子不懂事，并拿"别人家的孩子"来比较，但是别人家的小孩也许并不快乐。如果问父母，你爱你的孩子吗？父母肯定会说：当然爱。再问：你希望你的孩子快乐吗？父母也会说：当然希望。既然父母希望孩子快乐，为何又总是要求孩子懂事呢？

我们希望自己有一个懂事的孩子，但自己也许是一个并不懂事的父母。父母在面对自己的孩子时，一定要让孩子敢于表达自己的需求，维护自己说话的权利。在一些家庭中，孩子是没有话语权的，一切都要听父母的安排。成绩不好，就必须要上补习班；高考失利，就必须复读；考试考砸了，一定是不够努力。于是孩子渐渐地不再争辩，他们把意见藏在心里，然后任凭父母发落。这个时候，父母也许还在感叹，我家孩子终于懂事了，但是这个"懂事"的孩子也不再愿意和你交流了。

等到你眼中的孩子长大时，他听话懂事，然后按部就班地生活，等到有一天你回头想想，找不到任何你和孩子的欢乐时光。即便是你能想起来的时光，孩子也记不得了。懂事的背后往往是一种深深的自卑和无奈，孩子一直战战兢兢地活在别人的世界里，所以懂事其实是一种绝望。孩子会渐渐长大，上学、工作、成家，他们不会因为年少时光被人称赞过懂事而骄傲，反而是一种负累。他们的成长过于"懂事"，以至于没有美好的时光可以回忆。

父母要允许孩子小小的任性，宽容他犯下的小错误，接纳真实的孩子，听取孩子的诉求。在宫崎骏的一部电影中有这样的一段对话："懂事的孩子更让人心疼。"所以，父母更要好好地去爱懂事的孩子，把能够给予他们的快乐尽可能地给予他们。

不要让孩子成为讨厌鬼

孩子在成长的过程中，除了家庭和学校，还要和社会接触。在他们和外界接触的时候，他们所面对的人和事，关系着他们在未来的处世态度。让孩子成为一个受欢迎的人，这样的孩子不仅会从自身找到成长的力量，也能从和他人的相处中获取更多的知识和力量。

父母不要让孩子成长为别人眼里的讨厌鬼，这样的孩子不会拥有真正的友谊，也不能正确地认识自己，更加重要的是，等他大一点儿进入社会后，依旧会被人讨厌。人际关系是重要的，许多时候，孩子的能力可能会决定他的高度，但是社会人际关系会成就孩子的广度。

孩子受欢迎，不仅仅是能让孩子知道自身的优秀，更是能体现出孩子的教养。人人都喜欢美好的事物，对人亦是如此。不管孩子的学习成绩多么优秀，就读的学校多么好，在与人交往的时候，还是要学会如何与人相处。这一点要让孩子懂得，而且要从小知道。

一位爸爸带着儿子去图书馆看书，儿子因为惊讶于图书馆的书海，忍不住拔高了声音，大声说道："爸爸，这里的书比家里的书多多了。"爸爸赶紧弯腰示意，让他小声一些，不能打扰别人。孩子很乖巧地照做，然后自己去找漫画书看。旁边一个五岁左右的小孩子站在书架前伸着胳膊，一边用手拍打书架，发出很大的声音，一边大声地叫自己的妈妈，他的妈妈也在书架的另一头大声地回应着儿子。这时，一个八九岁的男孩走上前去，严肃地对这个孩子说："不要吵，这里不是你能吵的地方。"然后拿着一本书走到另外一边，一边走一边回头看那个小孩子，眼神里全是厌恶。

案例中这个五岁左右的小孩子可能是一个喜欢看书的孩子，但是没有学会如何尊重他人、照顾他人的感受。他身上之所以会有这样的毛病，我们可以从她妈妈的反应中找到一些原因。规矩是人立的，也需要人去遵守，但不是每个人生下来就懂得遵守规矩，而是需要父母的教养和引导。

生活中我们会见到不少孩子，他们看起来光鲜亮丽，但是当他们开始一个行为，或者说话的时候，我们会下意识地觉得这个孩子是讨人厌的。孩子之所以会成为一个讨厌鬼，问题往往出在父母身上。爱慕虚荣的父母往往会教出爱慕虚荣的孩子，没有规矩的父母往往也教不出守规矩的孩子。

铃铛带着两个同学来叔叔家找表弟玩儿，叔叔为了方便孩子们玩耍，把楼下的仓库打开，拿出一些不用的纸箱给孩子们做爬行用的隧道。其中一个小女孩胆子很大，进了仓库，来回看着仓库的设置。叔叔没怎么在意，继续翻找着纸箱。等到叔叔回头的时候，发现小女孩已经把叔叔准备装书稿的箱子搬了下来，叔叔赶紧说这些箱子还要用，小女孩才不情愿地放下了。不大一会儿，小女孩又看见一个粉色的盒子，直接拿着跑了。叔叔看见小女孩手里的盒子，想着没有什么用途，便没有出声阻止。但是让叔叔不开心的是，小女孩全程都没有问过是否可以动这些东西，太没礼貌了。

孩子之所以会成长为这个样子，很多时候是家庭教育的原因导致的。父母往往十分疼爱自己的孩子，导致孩子成了家中的"小皇帝""小公主"，觉得自己拿什么都是理所当然的，这就导致他们成了不受欢迎的小客人。在养育孩子的过程中，父母的榜样力量是至关重要的，因为身教重于言传。乐于助人的父母，往往会鼓励孩子去乐于助人，孩子许多时候并不明白父母的话，但是他们会模仿父母的言行。父母总是希望孩子聪慧，希望他们读书学习，有美好的前途。但是无论抱有多大的期待，都必须要先做好一件事情，就是做人。

让孩子的心灵充满爱，同时也要让孩子知道规矩的可贵，这是每个父母最重要的功课，也是孩子探索世界和社会接触必须要学会的东西。

爱没有规矩，就会变成一把伤人的刀

养育孩子，需要父母倾注大量的爱，这是没有错的。天性使然，孩子是父母的结晶，是父母带到这个世界上的生命，是希望的寄托。但是，爱孩子一样需要立下规矩，没有规矩的爱就像失去了刀鞘的刀，一不小心就会伤人伤己。

俗话说"无规矩，不成方圆"，孩子在成长的关键时期学会的东西，是会影响到孩子的一生的。在这个时期给孩子立下规矩，规范孩子的行为，与孩子约定适应孩子的能力和发展阶段的规则，才能树立孩子的规则意识，让孩子长大后成为一个懂规矩的人。爱孩子也要给孩子定规矩，没有规矩的爱，对孩子不好，对父母也不好。

看过这样一个故事：小男孩从小被妈妈娇生惯养，要什么给什么，爸爸的劝阻几乎无效，以至于小男孩上初中的时候，连鞋带都是妈妈帮忙系的。小男孩在家里呼风唤雨，为所欲为，虽然小学惹了不少祸，但妈妈都出面摆平了。小男孩天真地以为自己真的可以做任何事，于是在上初中的时候，也和小学时一样。上课捣乱、捉弄同学，甚至在校外打架。每一次叫家长，老师都和孩子妈妈说，孩子一点儿也不懂遵守规矩，但是妈妈每次都不以为然。直到有一次，小男孩在校外和别人发生冲突，失手伤人，对方由于伤势过重，不治身亡。男孩因为这件事情进了少管所，他以为妈妈很快就会来接他，但是这一次并没有，因为这件事已经超出了他妈妈的能力范围，等待小男孩的将会是法律的制裁，这一次的规矩是社会教给他的。

孩子的妈妈无条件地纵容孩子，导致孩子从来不知道规矩是什么，更不用说遵守规矩了，这样的爱最后伤害的还是孩子。很多时候，孩子稍微撒娇一下，父母就半推半就地顺从了，这样是很难给孩子立下规矩的。立规矩要趁早，要让孩子尽早地去遵守一些法则。从小定下的规矩会成为潜移默化的绳索，让孩子在成长的路上少走弯路、错路，当孩子要犯下错误的时候，可以无形中拉他一把。虽然现在的家庭教育都不提倡打骂孩子，但是适当的惩罚依旧有必要存在，惩罚的形式可以各有不同，但一定要让孩子知道犯了错就必须承担后果，这样才能让孩子真正懂得什么是规矩，才不会再犯。

生活中的很多父母都知道要多陪陪孩子，但是因为没有足够的时间，就有一种强烈的补偿心理。一旦和孩子在一起时，什么都听孩子的，家里的老人平时已经把孩子宠上天，父母再百依百顺，一定会出问题。

瑞瑞的奶奶来家里不到一周，妈妈就和爸爸说道："明天还是让你妈回去吧。"

"为什么呢？"爸爸很惊讶，有些生气，"我妈才来一个星期，你就要赶她走。"

"不是我要赶她走，你看看这一周瑞瑞还有没有规矩。"

原来，自从奶奶来了，她就对瑞瑞百般顺从。原本妈妈规定睡觉之前不许吃东西，但是每次瑞瑞一说饿，奶奶就立马抱着一堆零食给瑞瑞吃，用奶奶的话来说就是："小孩子正在长身体，不能饿着。"妈妈制止也没有用。每次吃饭的时候，瑞瑞都要奶奶喂，本来瑞瑞已经学会自己吃饭了，但是奶奶却说自己的孙子要自己疼，小孩子吃饭吃得满地都是，一会儿还要收拾，还不如直接喂。瑞瑞把玩具散落一地，妈妈看见后让他自己收拾，但是瑞瑞张口就说："奶奶会收拾的。"还没有说完，奶奶就赶紧过来收拾，一边收拾一边说："这点儿小事情，奶奶来就可以了。"更让妈妈生气的是，奶奶会纵容瑞瑞看动画的时间，直到很晚的时候瑞瑞才会去睡觉，导致第二天上幼儿园迟到。

爸爸听完妈妈的话后，决定明天和奶奶谈一谈，但是妈妈依旧很担忧，因为瑞瑞的规矩又要重新开始树立了。

为孩子树立规矩是每个父母必须要做的事情，不能因为过分溺爱让孩子破坏规矩。孩子从小就习惯破坏规矩，势必会在未来的学习中一样破坏规矩，长此以往，孩子会不断超越规矩，直到超越了法律。爱孩子是没有错的，但是没有规矩地爱孩子是不可行的。规矩不能立了破，破了立，如此反复，孩子就不会把规矩当一回事，连立规矩的人也会失去权威。

规矩是用来约束孩子的行为，培养他们控制自己的行为的，自由成长是对孩子的心灵自由的追求，但是在行为习惯上，必须要给孩子立下一定的规矩。管教孩子过于严厉，行为习惯规规矩矩，却束缚了孩子的心灵和思维，孩子会变得畏畏缩缩；有的孩子自由散漫，得到了大人无尽的宠溺，但是面对事情时总会情绪失控，惹人讨厌。

给孩子定规矩，要做到严厉且合理。更加重要的是，在规矩地树立上，父母要时刻注意自己的态度，面对孩子的过失要控制自己的情绪，不伤害孩子自尊心的同时，也要让孩子感觉到父母的威望。在孩子依赖你的时间里，要用心教养，提供依靠。

讲道理，不如论实际

孩子自己对事物的理解决定着他的成长，你讲的那些道理对他来说，很多时候是不起作用的，因为孩子不知道你在说什么。有时候，要让孩子试着去承担后果，这往往比说教要管用得多。

父母很多时候会帮助孩子承担后果，孩子犯错的时候，父母总会出面解决：孩子和小朋友吵架了，道歉的是父母；孩子把别人家东西打坏了，道歉赔偿的是父母；孩子把屋子弄得一塌糊涂，收拾的还是父母。久而久之，孩子就会认为不管自己做了什么事情，父母总是会处理好的。当然，有些父母也会和孩子讲道理，但是孩子能够听进去多少呢？

小美的妈妈带着小美去朋友家做客，去之前就跟小美说过，去了不要乱跑，不可以动别人家的东西，小美很听话地点了点头。但是等到了朋友家，小美面对新的环境很是好奇，于是东看看、西摸摸，妈妈叮嘱了几次，小美就像没有听见一样。朋友说让孩子去玩儿，没事的，妈妈看着小美似乎没有过分的举动，所以索性和朋友聊天，没去照看小美。过了一会儿，妈妈和朋友听见卧室里传来清脆的响声，妈妈赶紧过去，看见小美脚下躺着一个碎了的水晶摆件。小美有些局促地站在原地，不敢抬头。朋友说没关系，再买一个就好了。小美妈妈却严厉地说："和阿姨道歉，去卫生间拿扫把扫干净。"小美一边哭，一边拿来扫把，在哭声中把地面打扫干净了。

事后，妈妈送给朋友一个摆件，并让小美写了一张道歉的纸条。

从这以后，小美再去别人家做客的时候，再也没有动过别人家的东西，如果想要看看，总是先征求父母和主人的同意。

很多时候，父母和孩子说的大道理孩子是听不懂的，他们的世界中大多数时间都只有自己。特别是面对新奇的环境，孩子的注意力和身心都在外界，很少能把父母的话听进去。这个时候不管父母说什么，孩子们都不会太注意。所以这个时候不妨停下你的大道理，让实际情况来教会孩子什么事情是该做的，什么事情是不该做的。只有当孩子真正承担了后果，他们才会吸取教训。

如今，一些父母几乎成了孩子的包办人，不管事情大小，只要是关于孩子的，都要负责。写作业需要陪着，写完了需要检查，还要收拾书包，顺便准备第二天的课程。前前后后地忙完，还要给孩子读故事。等到孩子睡觉了，父母才开始忙自己的事情。父母有时候也会跟孩子说要自己做一些事情，但是等到需要做的时候，父母还是忍不住插手。这时就需要父母"狠"下心来，制定规矩并严格遵守。

晚饭过后，萌萌还在看动画片，妈妈提醒她该去写作业了，但是萌萌不为所动。妈妈提醒了三遍后，萌萌还是不去，于是妈妈就不管了，自己回了卧室。九点一刻的时候，妈妈去萌萌的卧室，看见萌萌在写作业，于是妈妈说："根据规定，你该睡觉了。"萌萌说自己的作业还没有写完，但妈妈还是收走了萌萌的作业本，然后勒令萌萌去床上躺着，萌萌怎么哭闹都没有用，只好去睡觉。第二天早上，妈妈起床的时候，看见萌萌已经在客厅写作业了。一问才知道，萌萌六点就起床了，如果作业写不完，去了学校会挨罚。妈妈没有说什么，但是妈妈发现，自从那次事情过后，萌萌每天都会乖乖地写作业。萌萌说，早上起得太早，在学校没精神，上课提问回答不上来，老师会罚她抄书。

萌萌妈妈的做法是可行的，妈妈在提醒了几遍之后，孩子依旧不为所动。这个时候，父母说再多也是没有用的，不如让实际的后果来警醒他们。孩子可以犯错，但是必须要承担后果和接受结局。讲道理在孩子很小的时候是不太起作用的，因为孩子的接受能力不够，加上他们不够专注，很容易分神。所以不妨放弃你的道理，停下嘴里的话，允许孩子犯错，等到他被现实教育的时候，你再出手。

孩子的成长也是父母的成长，孩子从什么都依赖父母，到渐渐自己去做事。父母也要从什么都管，到渐渐放手。这个过程是艰难的，因为孩子会遇到很多挫折，父母也会。但是这个过程是不可避免的，是孩子和父母必须要走的路。父母爱自己的孩子，想给孩子遮风挡雨，但是很多时候，让孩子去承担一些后果，反而能让他们更加坚强和勇敢，并且学会自律。当孩子自己去试错、犯错，才能从中吸取教训和经验，才能真正地成长。

爱发脾气的孩子，从父母身上找原因

每个孩子或多或少都有些脾气，在陪伴孩子的过程中，情绪这个东西是最难琢磨的，也是最难控制的。这里说的不仅仅是孩子的情绪，也包括父母的情绪。很多时候面对坏脾气的孩子，首先要问问自己，自己的情绪是否管理好了。

现实生活中，一言不合就发脾气的孩子的父母往往也是脾气暴躁的。人是感性的，一个人有情绪也是很正常的，父母也不例外。当父母对孩子发了脾气之后，事后会后悔，但是世界上最没有用的就是后悔，重要的是父母要积极地反思和改正，不然这样的情景还会有下一次。在孩子成长的过程中，要允许孩子有情绪，更加重要的是要接纳和允许孩子发脾气。

孩子会哭，当孩子哭泣的时候，父母的心里会难受，会烦躁不安，因为父母的心中也积压了很多负能量，没有宣泄的机会，而孩子的哭闹很容易把父母的情绪诱发出来。父母会担心自己失控，所以也不允许孩子发泄。爱发脾气的孩子，很多时候是因为缺少父母的理解和接纳。

叮叮每周一总是要哭闹一场，因为她不想让妈妈去上班，或者非要跟着妈妈去上班，总是找各种理由不让妈妈离开自己，所以每次家里总是要吵闹一番。这个时候，爸爸总是把叮叮抱回来，然后让孩子在自己的怀里哭一会儿，等孩子哭完，再用游戏或者好吃的东西来让孩子缓和情绪。渐渐地，孩子的情绪也就稳定了下来，会安心在家里等妈妈下班。

当孩子有情绪问题的时候，父母最需要的是同理心，去认可孩子的情绪和感觉，帮助孩子理清自己的情绪，从坏情绪中走出来。等他平静下来后，再和孩子谈心。当孩子的情绪流畅地表达出来，他才会卸下心防，然后健康成长。父母能够接受孩子的情绪，让孩子在适当的时候发泄出来，说明这样的父母在情绪控制上是有自己的方法的。能够控制住自己的情绪，并且接纳孩子情绪的父母，怎么会培养不出一个善于调控情绪的孩子呢？

同样地，孩子发脾气，也是因为缺乏规矩意识和同理心。在这个问题上，一样需要在父母的身上寻找原因。父母一味地惯着孩子，会让孩子把"哭闹"当成武器，不管什么情况，只要孩子一哭闹，父母就妥协，这样的孩子总是会经常发脾气。孩子试图通过哭闹来引起父母的注意，然后得到自己想要的东西，

超市内，小男孩坐在地上撒泼打滚，非要爸爸买陀螺，爸爸拒绝了，所以孩子就坐在地上哭，不依不饶。最后，小男孩的爸爸出于无奈，给小男孩买了陀螺，小男孩这才停止了哭闹，心满意足地抱着陀螺往前走去。小男孩的爸爸无奈地摇头，但是对小男孩的行为和哭闹却没有其他的办法。

父母要给孩子立下规矩，而这个规矩是不能破的。孩子可以发脾气，可以闹情绪，但是父母也要分场合、分情况来进行接纳。在上述案例中，父母应做的是冷处理，装作无视孩子，让孩子明白自己的哭闹不会有任何作用，而不是一味地妥协，助长孩子的这种恶习。父母要让孩子知道有些规矩是不能破的，即便是孩子生气、哭闹，也是无济于事的。哭闹是情绪的发泄口，但绝对不是孩子要挟

父母的武器。

超市里，同样是一个小男孩在哭闹，他非要拆一根火腿肠吃，但是妈妈不允许，于是索性哭了起来。妈妈想了想，坐到休息区的座位上玩儿起了手机，对孩子的哭闹视而不见。小男孩一边哭闹一边不时地看妈妈，发现妈妈完全不在意自己，渐渐地就不哭了，而是慢腾腾地走到妈妈身边，再次央求妈妈让他拆火腿肠。妈妈说："我可以给你买一根火腿肠，但是现在不能吃，要结了账才可以，不然就不买了。"小男孩想了想，最终选择了妥协。

孩子闹脾气时，父母要学会处理。同样是在超市闹脾气，这位妈妈的做法就好多了，她坚持原则，没有对孩子的哭闹妥协，当孩子知道哭闹不能帮助自己解决问题时，自然就不会再用这个方法来获取所需了。

父母要让孩子明白，哭闹无法解决任何问题，要让孩子知道脾气可以发出来，但是也要学会控制自己的脾气。父母可以接纳孩子的脾气，但是不能惯着孩子的脾气。因为孩子迟早要走向社会，你纵容出来的孩子，不一定会被他人继续纵容。父母要理解孩子的脾气，但是也要去约束孩子的脾气，在父母的爱和理解下，加上规则意识和同理心，孩子就会一步步地走出情绪的泥沼。

孩子不合作，要努力去搞定

父母很多时候会很头疼，因为孩子总是不合作，你说东，他偏要往西；而你说西，他又偏要往东。最后一家人鸡飞狗跳，不欢而散。当孩子不合作的时候，不妨用游戏来吸引他的注意力，用游戏去"搞定"他们，这样也能让他们更加热爱学习、热爱生活。

孩子总是有各种各样的小脾气，这是不可避免的。因为孩子本身在成长，他们会在成长的路上遇到各种各样的问题，不管他们如何面对，始终要闹一下情绪。这个时候，父母的处理方法就显得更为重要，因为一旦处理得不好，就会不利于孩子的成长。

佳佳上幼儿园很久了，但是同龄的小朋友都不太爱和佳佳玩儿，因为佳佳总是抢小朋友的玩具，十分霸道。媛媛新入幼儿园，在一次外出活动中，她和佳佳分到了一组，因为佳佳年龄大一点，所以小队由佳佳带领。当天家长也有参与，佳佳和媛媛的妈妈都在场外看着。游戏结束后，每个小朋友都分到了一个布娃娃。媛媛抱着黄色的小鸡跑过来和妈妈炫耀自己拿到的第一个奖品，这个时候，佳佳过来直接把媛媛手里的玩具抢走了，然后把自己手上的企鹅塞给了媛媛。媛媛不想要，就看向了妈妈。妈妈有些无奈，但还是对佳佳笑着说："这是妹妹的第一个奖品，还给妹妹好不好，你要是喜欢一样的，一会儿阿姨买一个送给你好吗？"媛媛妈妈的话音刚落，佳佳的妈妈就过来了，有些生气地说道："不就是一只玩具吗？谁稀罕要。"然后把佳佳手里的玩具抽出来，直接塞给了媛媛妈妈，拉着女儿走开了。

媛媛妈妈有些生气，但是孩子在旁边，所以没出声。后来在回去的路上，同行的小朋友的妈妈们都说佳佳妈妈很霸道，孩子也很霸道，本来就是孩子的错，还一味护着。还说幼儿园的小孩子都不太喜欢和佳佳一起玩儿，让媛媛以后也不要和她玩儿。媛媛妈妈陷入了沉思，想着之后的教育问题。

一些时候，孩子犯错是父母教育不当的结果。父母一定是爱孩子的，想让孩子得到更好的，但没有告诉孩子要遵守规则。这个时候，有些人会让着孩子，但是等到孩子长大了，社会是不会让着孩子的。孩子可以不合作，因为他们还不懂得社会的残酷，也不知道这个世界上的规则是多么严格。但是父母如果不告诉他，那么将来受苦的还是孩子。

当孩子不合作的时候，有些父母的办法就很好。他们会通过各种活动让孩子转移注意力，然后根据自己的办法让孩子走出这个局面。孩子犯了错，但是父母有办法解决，并且会让孩子意识到这是错的，这不仅仅是为了让孩子学会认知，更是为了让孩子懂得尊重。

阿力跟着爸爸妈妈去舅舅家做客，中午吃饭的时候，阿力非要把吃剩下的骨头丢在地上，妈妈捡起来几次，并且批评了阿力，但是阿力依旧不为所动。虽然阿力的舅妈说没关系，一会儿收拾下就好，但是妈妈觉得不能惯着阿力，于是开始想办法。当阿力再次准备扔骨头的时候，妈妈抢先接住了，阿力愣了片刻，看向妈妈。妈妈笑着对阿力说："你看看，这个像不像你平常在家玩儿的投球游戏，你投进去了。"阿力开心地点了点头。然后妈妈继续说："你平常玩儿的投球游戏很好，但是你也知道有时候你是投不进去的。当你投不进去的时候，你还得去捡球。你喜欢捡球吗？"阿力摇了摇头，妈妈又说："那你刚才扔下的骨头就是球，你要是再扔，就要自己捡了。"阿力回想着以前捡球的"痛苦"经历，再也不往地上扔骨头了。

很多时候孩子是没有是非观念的，只要是他们觉得可行的事情就会去做，但事实上有些事情是不对的。面对这种情况，有些父母总想着给孩子收拾烂摊子，却从来不想着让孩子改正。孩子犯错并不可怕，可怕的是孩子没有改错的勇气和途径。要知道，孩子在犯错或者不合作的时候，他们往往是意识不到的，或者他们是想要坚持下去的。孩子的执拗和对一些事情的坚持，要比父母想象的严重得多。这样的情况下，父母的解决办法就成了重中之重，父母必须要让孩子知道这件事情的错误性，也要让孩子印象深刻。如果做不到，就要暂时转移孩子的注意力，让孩子停止当前的行为，再进行后期教育。

父母的教育要讲方法，孩子才能成长得更好。养孩子就是一件费时费力的事情，他需要长大、需要爱，同时也需要规矩。他不能随便成长，因为可能会长"歪"，父母作为已经长大的人，来照顾一个小小的人，在这一路上，也是对自己的反思，更是自己的成长。

一起成长，孩子的成长
即父母的修行

孩子成长的道路是漫长的，但也是短暂的。因为父母能够陪孩子一起走的时间是有限的，父母应该珍惜这段艰难但又宝贵的时光。在孩子成长的同时，父母也在成长。成长是一场修行，为了让父母和孩子双方能够更好地共同成长，就需要父母从生活中的点滴做起。

陪孩子成长，进入第二次人生

为人父母，就是生命赋予父母们再次成长的契机。第一次成长，或许父母无从选择，但第二次成长一定是可以选择的。陪着孩子成长，孩子开启了自己的人生，父母也进入了属于自己的第二次人生。

为人父母是一场修行。有这么一句话：女本柔弱，为母则刚。用在母亲身上也的确合适，因为很多时候，当女人成为母亲那一刻，她才意识到自己的能力，她原本认为自己不可能做到的事情，做了母亲之后居然能做到了。同样的，父母在陪伴孩子成长的过程中，更会发现自己的另外一个人生。在你二十多岁或者三十多岁之前，你的世界里只有父母、亲人、朋友、妻子，但是当你的孩子出生的那一刻，你会感觉自己真正的长大了。一个小小的孩子在你怀里，你看着他小小的眼睛，握着他小小的手，知道你的未来又多了一个更为重要的人。

母亲生孩子是痛苦的，父亲在这个过程中也是痛苦的，他们要在短短的过程中和过去的自己达成一个协议，告诉自己要成为爸爸了。产房外面，很多时候都能看到准爸爸们焦急等待的身影，有的爸爸在抱住孩子那一刻，也和怀里的孩子一样哭成了泪人。对新生命的降临，世界表示了欢迎，而父母新生命的开启，只有他们自己才能发现。

看过这样一个故事：一个教师妈妈在教师岗位工作了数十年

后，突然决定辞职创办一家属于自己的工作室，而原本她是很享受这样安逸的生活的，但一切就在儿子中考后发生了转变。儿子中考失利，让她一度很沮丧，她不明白自己教了那么多孩子，他们都能在自己的指导下逐渐进步，自己孩子的学习却为何会变成这样。

她很快开始自我反思，觉得儿子的问题可能跟自己有很大的关系。这么多年，她一直追求稳定，凡事得过且过，无形中，这样的状态给儿子带来了很消极的影响。痛定思痛，她没有斥责儿子，而是和儿子立了一个"三年之约"。他们彼此约定，在三年的时间里，她要努力实现自己创办一家工作室的梦想，儿子也要努力考上自己心仪的大学。接下来的日子里，他们各自为这个约定全力以赴，她每天早出晚归，常常很晚了才带着一身疲惫回到家里；儿子也每天在书房挑灯夜战，再不似从前那般漫不经心。后来，他们成功实现了彼此的约定，她拥有了自己的工作室，儿子也如愿考上了理想的大学。

工作室开业那天，她跟在场的人分享了这个故事，她动情地说："如果没有儿子，我可能迈不了这一步去创立这个工作室，或许现在我还在安逸、按部就班地过着千篇一律的生活。"

母亲和儿子在互相影响下，都达成了自己的目标。儿子在成长，他从初中上高中，花了三年的时间完成了自己的梦想。母亲也创立了自己的工作室，在她没有想过的场景中，她实现了自己的第二次人生，原本的生活轨迹发生了改变，周围的事物也发生了改变。这样的人生是她之前没有想过的，但是现在她拥有着。

孩子在长大，他们会长高、会成熟，会明白更多的道理，然后走向更为广阔的世界。在这个过程中，父母会变老，会去适应新的环境。更好的是，父母在陪着孩子长大的过程中，会遇到更好的自己，这对父母来说才是最为重要的。

一位妈妈在没有生女儿之前，对生活很迷茫，不知道自己想干什么。每天上班、下班，就像是一架机器。后来女儿出生了，这位妈妈和丈夫商量，由妈妈全职带女儿。为了带好女儿，这位妈妈开始看各种育儿、教育书籍，白天的时间这位妈妈都全心全意地陪伴孩子，于是看书的任务只能留在女儿睡着以后。

妈妈常常半夜起来看书、做笔记，每每都感慨如果当初上学的时候有这么认真就好了。每次跟丈夫侃侃而谈育儿经的时候，丈夫都让妻子把这些写出来，在丈夫的鼓励下，妻子开始尝试写作，后来竟意外获得了写作的工作。

这位妈妈这个时候才突然发现，自己这些年寻寻觅觅不知道该往何处去的路竟然有了方向，她爱上了写作，也因为写作看见了更为美好的世界，也能教育出更好的女儿。

孩子的出生让母亲多了一项任务，在误打误撞中，女儿的成长竟然给母亲开启了新的世界。很多时候，父母不知道自己会创造出什么样的奇迹，也不知道自己会走出怎样的第二次人生。但可以肯定的是，在陪伴孩子成长的过程中，父母会遇到更好的自己，会创造更好的生活。

父母优秀，孩子自会精彩

　　成长的道路是艰难的，但是父母和孩子一起成长的路也是幸福的。身为父母，如果你足够优秀，那么你的孩子一定会过得精彩。精彩，就是孩子在成长的路上不断奋进，能够笑对生活，面对困难不退缩，有自己的想法，并且为之努力。而他们在做这些的时候，更需要的是父母的理解和支持。

　　父母爱孩子，就必须尊重孩子的天性，要懂得孩子的心意，不然就不能叫爱。尊重孩子，要靠父母的行动，要实践，要亲身去做。很多父母会说："你要听话，相信爸爸妈妈，爸爸妈妈是不会害你的。"但是有多少父母听过孩子的话，是否了解过孩子的内心。父母用爱一层层地包裹着孩子，把这些爱变成了枷锁。在现实生活中，很多父母忙于生计，很少有时间去懂孩子，很多时候出现了问题，父母往往手足无措。当孩子在学校遇到问题，老师下了警告，父母会担忧孩子的学习。当孩子在生活中遇到了困难，他人责难孩子，父母开始担忧孩子的交际。但是这样的孩子，往往很多时候都是因为父母的不够理解造成的，父母从一开始就没有把孩子的教育落实好。

　　在家里如果没有教好孩子，那么孩子一去学校就会暴露出各种问题。孩子很多时候都想追求第一，但是父母不加以诱导，你觉得这是孩子的天性，但是你没有让他看到人外有人。等到孩子在这上面受到了挫折，你才明白当时应该开导孩子的，但是为时已晚。当孩子想要动手做一些事情的时候，你又担心孩子受伤，害怕孩子搞砸，于是你制止他、代替他，不让他学会独立。孩子哭闹，你依着他，宠着他，却没有告诉他外面的世界不会一直顺着他。父母想让孩子精彩地生活，就必须先把自己的态度放端正，这样才能让孩子有能力立足于社会。

在父母的爱和规矩之间以及规矩和自由之间有很大的学问，父母需要花费心思去钻研。书本的理论再精深，也无法为你的孩子解决所有的问题。唯有真正用心的陪伴和不断的学习，才有不断接近正确方法的机会。

很多父母认为当父母是一件简单的事情，只要管好孩子的吃穿，剩下的交给学校就可以了。但事实上，父母是一种难度很高的"职业"，是需要学习的。就像你上学的时候，开学的第一课，你要接触新的知识，要做笔记。为人父母也是这样，你带着孩子来到这个世界，然后你要养育孩子，孩子的每一个成长阶段都是对你的教育的一场考试。为什么有的孩子会优秀得让人惊叹，有的孩子却让父母屡屡失望。这便是父母的学习出了差错，所以孩子也会在成长中出现差错。

学校的考试还有下一次，做过的题还有改正的机会，但是为人父母，教育孩子的机会却不是很多，有些时候甚至只有一次。当孩子长大，你的教育力量再也不见成效，那个时候你想换个方式，时间却不会给你机会，孩子也不会给你机会，教育孩子是单行线，你只有往前走，永远不能退回去。

香香是家里的独生女，爸爸妈妈很疼爱她。但是香香身上一点儿公主病也没有，她听话乖巧，做事落落大方。因为在香香的成长过程中，爸爸妈妈一直很尊重香香的看法，他们制定了规矩，要求香香遵守，但是也征求了香香的意见。香香遵守的规则，后来也成为全家共同的规则，爸爸妈妈也会遵守。爸爸是大学老师，所以空闲时间会看书写字，在爸爸的影响下，香香的一手软笔书法还拿过学校的一等奖。爸爸妈妈在家里商量事情，也不会避讳香香，有时候还会让香香参与进来。父母的行为造就了香香平易近人的性格，加上成绩优秀，香香在学校很受欢迎。

父母的行动和教养决定了孩子的成长，香香的父母对孩子的教育无疑是成功的，因为他们放下了父母的架子，跟着孩子去感受生活的美好和温馨，去理解孩子的心情，然后用自己的实际行动去引导孩子，不仅仅是言传，更多是身教。在陪伴孩子成长的过程中，真正感受孩子的成长。父母在教育孩子上优秀，自然也不会在其他的事情上太过失败，因为这一切是相互联系的。

随着孩子的长大，父母会觉得孩子不和自己交流了，自己也不知道怎么帮他们，其实这中间一定是成长链断开了，父母的成长已经跟不上孩子成长的速度了。小的时候，孩子依赖你，你是孩子的天，但是随着孩子年龄的增长，孩子要接触更多的东西，你的教育方式会在一定的时间内脱节，你要做的是跟上孩子的步伐，才能把孩子的教育进行到底。

小李的爸爸对孩子周边的事物都很感兴趣，小时候，小李爸爸就跟着孩子一起堆积木。长大了一些，爸爸跟着儿子一起看动画。后来，爸爸还陪着儿子看球赛。直到很久之后，爸爸还会跟着儿子打一打当下最流行的手游。虽然妈妈总是说小李爸爸像个没长大的孩子，但是小李爸爸很开心，因为他的儿子对他无话不谈。小李爸爸对待孩子的方式更像是对待朋友，也因此赢得了许多同学父母的羡慕。

可以说小李爸爸是一位智慧的父亲，他没有缺席儿子的成长阶段，陪着儿子长大，儿子的生活他在参与，所以父子之间没有隔阂。因为这样的关系，让他们更加容易相处，也方便父亲和儿子谈心，在适当的时候教育儿子，然后在适当的时候放手。父母的优秀不只是工作上的成就，更是教育上的优秀。家庭和睦，气氛温馨，每天会有好的心情，孩子有自己的主见，可以沟通，可以教育。这样的父母在孩子眼里才是好父母、优秀的父母。当父母在家庭中足够优秀，你的孩子也自然会精彩。

父母的眼光与勇气影响孩子的一生

父母是孩子人生路上的启蒙老师，或者说是奠定孩子基础的人，甚至会影响孩子的一生。父母自身的行为往往会被孩子模仿，然后这样的行为慢慢也会成为孩子的习惯。父母都希望孩子比自己过得好，然而到头来，你却在孩子的身上看到了自己的影子。

当孩子还在认知世界的时候，他唯一的标准就是父母，父母是怎样的，他们也会试着去学习。俗话说"龙生龙，凤生凤，老鼠的儿子会打洞"。这样的话也许在你很小的时候，你的父母也在闲聊中说过。但是不管父母的身份和地位如何，他们都有一颗望子成龙的心，希望孩子有美好的未来，比自己过得好。殊不知，作为孩子的人生老师，父母从开始就成了孩子未来的方向标。

父母的大局观念和为人处世的准则，在很大程度上影响着孩子的成长。父母的脾气不好，经常吵架，孩子也不见得脾气好。父母相处和谐，家庭气氛温馨，孩子的坏脾气也会减少。环境影响着孩子的成长，学习会塑造孩子的思想，家庭却指导着孩子的未来。父母自身的眼光和勇气会影响孩子的一生，一旦孩子从小认定了一个意识，不管他如何改进，潜意识中依旧会执行之前的思维命令。

小林的家庭条件不是很好，但也算不上拮据。父母经营着一家杂货铺，收入刚好够日常开销，为了节省开支，父母在买东西的时候都是捡便宜的买，买菜的时候都是等菜市场快要关门了才去，因为那个时候能花最少的钱买到最多的东西。过年买衣服的时候，也是买便宜的，他们不管是否符合孩子的年纪，只要大小差不多就可以。小林知道家里经济状况不好，所以也默认了这种方式，知道有便宜就要占。更为重要的是，小林的爸爸在儿子的教育上也没有长远的眼光。小林的成绩还不错，唯一不好的就是英语，老师说应该给孩子报个班，一对一的指导会对孩子有帮助，但是小林爸爸嫌辅导班太贵，不让小林去，说小林的表哥可以帮助小林学习，但是事实上小林并没有表哥。虽然老师给小林爸爸做了思想工作，并说许多同学家庭条件也不好，但还是借钱给孩子上了补习班，小林爸爸也不为所动。

后来的中考，小林没有考上重点高中，因为英语没有及格。小林爸爸就说小林不肯努力，以后也不会有什么出息了，上个高中念完就算了。但是小林在高中的成绩也并没有那么差，努力一下，上个一本大学也是有希望的。但是小林爸爸说上大学也是花钱，还不如早点挣钱，又不是重点大学。在爸爸的影响下，连小林自己都认为上大学没有用，于是就开始放纵自己，最后在高二的时候辍学，去外地打工了。

像小林这样的孩子不是特例，在很多地方都有这样的父母和孩子，因为父母的眼光狭隘，导致孩子开始走下坡路。如果当时小林的父母让孩子上补习班，孩子也许就能考上重点高中；如果小林的父母让孩子在高中安心学习，也许小林就能考上重点大学，那么他迎来的将是完全不同的人生。父母的眼光狭隘，孩子的眼光也不见得会有多长远，因为他们会成为孩子成长道路上的"绊脚石"。许多父母把孩子举高，让孩子看到外面更加广阔的世界，但是有些父母会把孩子放低，让他局限在狭小的圈子里。

父母的眼光决定了教育孩子的方式，目光短浅的人自然看不到孩子身上的可能性。孩子拿着笔画画，父母认为孩子是不务正业，耽误学习，却看不到孩子的天赋；孩子拆掉了汽车模型，父母认为孩子是顽皮不懂事，却看不到孩子的动手能力；孩子带着一群小伙伴做游戏，父母认为孩子太好玩儿，却看不到孩子的组织能力。这样的父母会让孩子待在家里，没收孩子的画笔，禁止孩子外出。渐渐地，孩子变乖了，但也失去了上天赋予他们的才能。

父母行事的勇气和面对生活的勇气一样会影响孩子的一生，你笑对生活的样子会成为孩子心中的向往，孩子会跟着你学习，然后逐渐成为你的样子。

萌萌上小学的时候，爸爸妈妈离婚了，萌萌跟着妈妈生活。妈妈会给爸爸打电话，一周会让爸爸来看一次萌萌，因为他们不想让孩子失去爱，即便他们已经离婚。妈妈一直很关注萌萌的心理，几乎花了一年的时间，才把孩子从父母离婚的阴影中拉了出来。萌萌依旧笑着生活，因为妈妈说，离婚不是爸爸妈妈不要萌萌了，只是爸爸妈妈还没有学会去爱对方。萌萌虽然不懂，但是她能从爸爸妈妈身上感受他们对自己的爱。萌萌的妈妈一直在给孩子树立一个榜样，不管生活中遇到什么事情，都会乐观地、努力地去做。妈妈单位有个外出学习的机会，但是要通过考试才可以，妈妈回来和萌萌商量，萌萌拿不定主意，妈妈说这是一次很好的机会，学习了之后妈妈的职位会得到提升，虽然考试很难，但是妈妈不怕。于是萌萌给妈妈加油，后来妈妈考试通过了。

萌萌上初中的时候，所在的小区要拆迁。因为房子问题，萌萌的奶奶经常上门闹事，那个时候爸爸已经有了新家庭，很少插手萌萌和妈妈的生活。萌萌很怕，但妈妈很勇敢，每次奶奶来的时候，妈妈都会直接叫警察，然后打开门和奶奶讲话。后来事情虽然平息了，但萌萌变得有些胆小，妈妈一直鼓励萌萌，以后不管遇到什么事情都要像妈妈一样敢于面对。后来搬家，萌萌看着漂亮的大房子和新的学校，很是高兴。慢慢地，萌萌也不再退缩，班级活动会积极参加，比赛也会主动报名，她成了班里最受欢迎的孩子之一。

　　萌萌妈妈有面对生活的勇气，她在任何事情面前都不退缩，积极看待生活，给孩子树立了一个好榜样。于是萌萌才有勇气面对新世界，然后成长为更好的人。父母的勇气是对人对事的勇气，面对困难不逃避、不退缩，想办法解决，即便事情最后失败了，但是这份勇气带来的力量也会让生活变得越来越好。父母树立的榜样，会成为孩子不断前进的力量。

母亲的素养，影响孩子一生的成长

母亲的素养会影响孩子一生的成长，这不是说父亲对孩子没有影响，只是在实际的教养中，主角大多数时候是母亲。当然，你可以理解为这里的母亲是陪伴孩子成长的亲人，是孩子的原生家庭。

一个家庭中，母亲要承担的角色很多，大多时候，家里的细节事情是要靠母亲来完成的。回想一下，你的记忆里面是否有母亲给你准备衣物的场景，家里柴米油盐的增减是否是母亲在一手操办，当你找不到东西的时候，第一反应喊出口的人是谁？没错，很多时候，母亲在家庭中的作用实在太大，如果有一天母亲不在家，你就会发现家里好像没了秩序，一切都变得杂乱无章。母亲陪伴孩子的时间很长，所以母亲对孩子的影响至深。

有这样一个孩子，童年生活在几分钱都是宝的年代，孩子的家庭不富裕，但是孩子的母亲很支持孩子读书。每次买菜剩下的几分钱，母亲都会给孩子。孩子就拿着这些钱去看小人书，后来看到一本书，知道还有下册，但上下两册加起来要八毛钱，孩子很想看下册，所以鼓起勇气去和母亲要钱。等孩子去到母亲做工的地方时，有些后悔了。因为母亲做工的地方很辛苦，厂房热得出奇，每个人都穿着工服，身上沾满了红色的棉絮。等到母亲的同事把母亲喊出来的时候，孩子不敢张口了。母亲问孩子有什么事情，孩子犹豫了一下说来要钱。母亲问了理由，孩子说要买书。当时在场的同事说不能太惯着孩子，但母亲还是把钱给了孩子，因为在母亲看来，读书不是什么坏事情。后来，这个孩子成了作家。

我们会发现，古往今来，几乎所有优秀的人背后，都有一个了不起的母亲。他们的母亲也许不是什么知识分子，不是有钱人，也不是权贵，但是他们都很看重孩子的教育。她们能够平心静气地面对孩子的问题，这样的教养会影响孩子的一生。不是所有有着高学历的父母都能教育出好孩子，也不是所有文化水平低的父母都教育不出优秀的孩子。素养和文化知识有关，但是文化知识决定不了一个人的素养。

母亲的素养会决定母亲对待生活的态度以及她们对人对事的行为。单独谈素养是很微妙的，但是你能从一个人的言行举止中看到一个人的素养高低。

地铁上，有两对母子面对面坐着，两个孩子看起来差不多大，都很聪明可爱。地铁中途停靠时，上来了一个农民工。坐在门口的母亲赶紧捂住了鼻子，然后把手里的包包放在了一旁的空座位上，意思是这个座位有人占了，她不想让农民工坐在她身边，他的儿子也用嫌弃的眼神打量着这个农民工。对面的母亲则对儿子说："你坐到妈妈腿上来，把座位腾出来让叔叔坐，他很累的。"于是孩子站了起来，对不远处的农民工说道："叔叔，这里有位置。"农民工大概怕自己弄脏了座位，不肯坐，但是冲着孩子和孩子的母亲感激地笑了笑。

下车的时候，门口的母子赶紧下去，母亲拉着儿子的手，一边快走一边说道："以后离那些人远一点，听见了没有。"之前让座的这对母子跟着人流下车时，母亲不急不缓地和儿子说道："以后要尽可能帮助有需要的人，不管从事任何职业，他们都值得被尊重。"儿子点了点头，拉着母亲的手离开了。

　　同样的一件事情，在处理方式上，两位母亲大相径庭。孩子还在成长期，他们很难判断事情的对错，这个时候，母亲能够带给孩子的就是对世界的认知。母亲素养的高低，也就影响着孩子的行为。让座母亲待人的态度让孩子知道了世间的温暖，在他之后的生活中，他会像今天一样善待他人。但是另一个孩子呢，他的母亲灌输给他的是傲慢，在这样的教育下，孩子将来会怎样对待别人是可想而知的。

　　初生的孩子就是一张白纸，他们会通过自己的学习和观察模仿陪伴他们成长的人，从而形成对这个世界的初步认识。所以一个爱看书的母亲，孩子也往往会喜欢阅读；一个勤快的母亲，孩子也喜欢动手做事；而一个喜欢打牌的母亲，孩子也会对打牌乐此不疲；一个喜欢骂人的母亲，孩子也会学着骂人。

　　母亲的性格对孩子的影响很深远，一个强势的母亲，对家庭来说几乎是毁灭性的，特别是对孩子的影响极大。母亲的行为举止对孩子的影响不仅仅体现在当下，更多的是潜移默化地影响着孩子的思想和行为，这种影响无疑是长远的。从某种意义上来说，母亲决定了一个国家的未来，这一点也不夸张，因为她的一举一动都在影响着孩子对世界、对人生的态度，这种态度会决定他成为什么样的人，成就什么样的事情。

　　不是每位母亲天生就懂得如何做一个好母亲，但是真正爱孩子的母亲会在通往好母亲的道路上砥砺前行。因为为人母，她们清楚地知道自己责任重大，而这份责任也只能由自己去担负。

做父母的黄金期，只有 10 年

从孩子成长为成年人，需要 18 年，因为在法律上，过了 18 岁就是成年人了。而后开始，你的人生就开始慢慢地加入很多的人，直到你拥有了家庭，然后有了孩子，你成为父亲或者母亲。在这个阶段中，你一直在转变自己的角色，然后适应这个角色。

为人父母可能是一辈子的事情，但是做父母的黄金时期只有 10 年左右。很多时候，父母在孩子的养育问题上，更多的是无奈和叹息。对一个孩子来说，他们在青少年时期几乎就已经接近成年人的思维了，这个时候的孩子会很难管教，甚至会离父母的期望越来越远。他们接受更多的是社会教育和自我教育，父母的影响会越来越小。当一个孩子到了十四五岁的时候，他身上存在的那些坏毛病往往很难根治，你越是教育，孩子就越反感。

面对这样的情况，很多父母无可奈何，他们开始反思，到底从什么时候，孩子开始变成了这个样子。身为父母，在自己还能教育孩子的年月中，如果不去管教孩子，等到孩子大了，你再想把教育落实下去，已经是难于登天。用心的父母会有忧虑，担心孩子的将来，想着孩子在青春期会变成什么样子。父母很难去规划孩子的人生，因为他的成长充满了不确定性。父母能够做的，不过是尽早地陪伴在孩子身边，给予他们一些影响，观察孩子的天性、了解他的脾气，给孩子定下规矩，然后培养他们的良好习惯。

在父母教育孩子的黄金时期里，父母要提早给孩子定规矩，规矩定得越早，孩子遵守得就越认真。等到孩子大一些的时候，你就会发现，孩子已经不是很听话了。一个孩子只有在他小的时候会听父母的话，这个听话不是言听计从，而是愿意和父母一起养成一个好的习惯。这个时间便是父母教育孩子的黄金时期，你能够在这段时间给孩子创造更多的机会，也能够矫正孩子更多错误的行为。

浩浩的父母一直在外面做生意，一年也回来不了几次。大多数时候都是给孩子打钱，然后让爷爷奶奶照顾孩子。父母认为只要孩子的生活条件好了，就是给孩子最大的爱。所以浩浩的父母在外面拼命挣钱，把孩子放在老家也不怎么管教。本以为孩子会自己慢慢长大，但是怎么也没有想到，浩浩 14 岁的时候却说要退学，甚至用跳楼来威胁。当孩子站在父母面前的时候，父母觉得很陌生。因为多年来，他们已习惯了没有彼此的陪伴，唯一将双方连接起来的就是血缘关系和钱了。这下，父母想要插手，发现自己已经根本无能为力。

父母不要指望自己随时都能走进孩子的世界，孩子的世界在 10 岁之前是对你打开的，你能走进去。一旦过了这个阶段，就会关上，你想强行闯入，必定会伤及彼此。不要觉得孩子是你生的，你想怎样控制，就能怎样控制他们，要知道孩子首先是一个独立的人，然后才是你的孩子。等到孩子长大以后，对你不理不睬，你们坐在一起，心却隔着万里深渊。当你对孩子的叛逆无奈的时候，心中也充满了悔恨，当你想把孩子带在身边的时候，一切已经来不及了。如果在孩子还小的时候，你能够给孩子充足的陪伴和更好的引导，结果一定会大不一样。

和所有同龄人一样，雨燕上初中的那 3 年也很叛逆，时不时和父母吵架，但事后会和父母道歉，妈妈虽说有时候很难受，但是她知道这段路要孩子自己走过去，所以她一直包容着孩子。在雨燕上幼儿园和小学的时候，雨燕的妈妈和爸爸就给孩子定下了规矩，然后不断扶持着孩子前进。当初上小学的时候雨燕也闹过，后来妈妈气不过，打了雨燕一顿，雨燕后来就听话了许多，妈妈定下的规矩一直没有动摇过。但是妈妈和爸爸一直尊重雨燕的想法，加上家庭和睦，即便是孩子成长出现了些问题，也能很快地矫正过来。

雨燕的父母在孩子成长的黄金十年里没有缺席，他们不会忽视孩子成长中的难题，也看到了孩子成长中的惊喜，及时地补救疏漏，在孩子最依赖父母的时候帮助孩子成长。孩子在幼年时期有很强的可塑性，他们就像奔流不息的河水，活泼而又无拘无束，同时又可以很容易地被引导。一个孩子将来会成为什么样的人，往往取决于孩子在早期成长过程中受到何种层次的家庭教育，所以父母的高度会起到很大的作用，而这个高度绝对不是说父母的学历、财力，而是指眼界、态度、胸襟，还有你不停地努力学习、付出、进步。

孩子在青春期的叛逆，是成长阶段不能避免的，但是父母要相信，你们过去积累下来的优秀本能能够让你陪着孩子度过这段叛逆而难忘的时期。在孩子成长的道路上，我们将会遇见不同的自己，选择不同的道路，也注定会有不同的结果。你要相信，你的陪伴终究会不负等待，当那一天来临的时候，欣喜之余，你的内心一定还有深深地庆幸。

伤害孩子的面子，其实是在伤害孩子

有这么一句话："树靠一张皮，人靠一张脸。"还有这么一句话："不蒸馒头争口气。"很多时候，为了面子，我们会强迫自己或者身边的人去做一些不情愿的事情，最后事情可能做成了，但是失去了自我，也失去了身边人的欢心。

父母在教育孩子时，有些时候会为了自己的面子而伤害了孩子。父母盼望儿女成龙成凤的心情是可以理解的，毕竟没有哪个父母不希望自己的孩子优秀，只是很多时候，这个期待扭曲变形了。一直以来，父母把孩子和周围的人进行比较，刚生下来比谁长得快，读书的时候比成绩高下，毕业了比工作的地位和工资，结婚了比伴侣的优秀，等到有了孩子了，依旧是拿着别人家的孩子和自己家的孩子比较。我们重复着一条路，然后让下一辈重蹈覆辙，这样的做法，和你走过的路有什么区别。

孩子的人生只有一次，只要是孩子遵循他内心的选择，努力了，名次真的没有那么重要。过高的期待只会让他负重前行，而不停地比较，则会让孩子的心灵受到伤害。

陈涵一直是班里的尖子生，后来因为骨折住院半年多，所以落下了不少的功课。眼看就要升年级了，老师和陈涵的父亲商量让陈涵留级，因为半年的课程实在太多了，贸然升年级可能会让孩子产生落差，不利于孩子的成长。但是陈涵的父亲不以为意，他说："怎么能留级呢？说出去多没有面子。再说了，他一直是班里的第一名，怎么会赶不上功课。"老师的劝说没有起作用，所以陈涵还是跟着班里的同学一起上升了一级。但是新的课程很难，加上陈涵落下了半年的课程，许多内容都不知道。考试中，他的名次一落千丈，甚至还不如班级的中等生。为此陈涵的父亲很是恼火，回到家中数落孩子："你怎么这么没出息，你看看你那个成绩，说出去我都嫌丢人。你原来可是尖子生，现在居然吊车尾，你不要面子，我还要呢？"

陈涵很生气，于是反驳道："你要我升级，现在跟不上课程，你还要说我。"

父亲于是站起来吼道："你知不知道你留级多丢脸，我在单位那些同事要是知道了，我就成了个笑话。人家会说，谁谁谁家儿子留级了。知道是你有原因，不知道的还以为你没出息。"随后父子两个吵得不可开交，不欢而散。自此以后，陈涵干脆不好好学习，成绩也真正成了吊车尾。

很多时候，父母因为自己的面子，不顾孩子的成长规律，把成人的东西强加给孩子，最后扼杀了孩子的天性，甚至生生地压垮了孩子。在教育上，父母必须对孩子的天性有所了解，尊重孩子的天性，而不要揠苗助长，更不要总是把别人家的孩子或者电视报道中的孩子和自己的孩子比较，那样的比较毫无意义。真正的面子，就是用心栽培孩子，然后让孩子开出属于自己的花朵。

有一个作家带着 8 岁的女儿去百货公司买鞋子，当时卖鞋子的专柜正在播放一首流行歌曲，她的女儿竟然当场跳起舞来。这时，专柜旁边刚好有三个贵妇也带着孩子来买鞋子，大家全都盯着作家的女儿跳奇怪的机器舞。作家注意到旁边人的表情，不是欣赏，反而是为她的女儿感到难为情。当时作家也很尴尬。一旁的小孩子交头接耳，貌似在取笑她的女儿，她女儿顿时不知所措，身体僵住，停了下来，看着妈妈，眼神仿佛是在询问："妈妈，我接下来要怎么办？"作家笑着看着她的女儿，然后说道："你可以把稻草人的动作加进去呀！"于是女儿继续跳了起来。

要是把这件事情放在其他父母身上，也许不少人都会制止孩子的行为，说："不要丢脸了，快回来，看别人笑话你呢。"但是这位作家母亲却不在意他人对自己和女儿的看法，而是鼓励女儿继续舞蹈。很多时候，孩子犯了错，不管是在什么场合，有些父母总是大呼小叫，一定要逼着孩子认错，甚至大打出手。不管父母采取什么行为，有一点可以肯定的就是，他们不过是想化解尴尬，不让自己丢脸罢了。

父母有时候会觉得面子重要，但是和孩子比起来，面子在这个时候已经不重要了。如果是在伤害孩子的前提下维护自己的面子，那么这种所谓的面子不要也罢。孩子有独立的灵魂和天性，有属于自己的人生，为了那些脆弱的人际关系而委屈孩子，甚至让孩子放弃自己的想法和梦想，只会让你的孩子更加痛苦。如果你的孩子有翅膀想要飞翔，你要做的是祝福他飞得更高更远，而不是束缚他的翅膀，抑或是折断他的翅膀。

有句话说得好，面子不是别人给的，是自己争的。但是面子这个东西，也是要分时候的。如果你一味地追求虚假的面子，那么最后你得到的也是虚假的东西。不要为了你所谓的面子去伤害孩子，因为和孩子的人生和未来比起来，你现在所看重的面子根本不值一提。

一个叫作父亲的"奢侈品"

不知道从什么时候开始，父亲已经成了孩子们的"奢侈品"。在不少家庭里，孩子很少有时间能够见到自己父亲。大多数家庭都是母亲在照顾孩子。父亲闲下来才会帮忙照顾孩子，然后不到几天，就会觉得照顾孩子很烦，于是又丢给了母亲。

在孩子的成长过程中，父亲的角色是不能够缺席的，因为父亲要教会孩子独立和承担责任，特别是男孩子的家庭，父亲的作用要更大一些。因为天性使然，男孩会更加愿意和父亲交心，随着年龄的增长，性别差异越发明显的时候，男孩的世界会慢慢出现改观，他们愿意和父亲说一些事情，因为他们可能会有共同的兴趣，还有共同的认知。但是因为现实的情况，很多父亲在孩子成长的道路上缺席。我们经常看到母亲带着孩子去上学，在公园里玩耍，又带着孩子回家。等到孩子上学后，作业辅导还是要母亲来，因为很多时候，父亲回来的时候孩子大概已经睡了。等到孩子睁开眼睛的时候，父亲也许已经去上班了。

现在的一些父亲很少有时间带孩子，主要原因有几个，首先是经济压力大，不得不拼命工作，自然无法分出太多的时间和精力给孩子；其次，不少父亲还有传统思想，认为带孩子就是女人的事情，一个大男人怎么能去带孩子。放眼公园里带孩子的大都是女人，父亲的介入和参与度很低。很多父亲会借口自己忙，说自己工作了一天很累，说请假不方便，说要处理公事，等孩子主动接触你的时候，你随口一句"别烦我，去找你妈妈"就把孩子拒之门外，你看不到孩子的失落，也拒绝了孩子跟你的沟通。

父亲在很多时候说的"太忙"，不过是自己找的借口，当然很多父亲会说我忙也是为了孩子，为了家庭，但是你不珍惜眼前的时光，难道还等着未来不忙的时候吗？等你不忙的时候，孩子是否还有时间和你交流，孩子是否还愿意和你交流。

涛涛的爸爸在一家公司当总监，经常需要加班，有时候半夜两三点才回来，然后睡到第二天中午才去上班。涛涛晚上见不到爸爸，早上起来的时候爸爸还在睡觉，妈妈说爸爸太累了，让涛涛不要去打扰爸爸。长此以往，涛涛几乎不和爸爸沟通。他每天上下学跟着妈妈一起，然后回家忙自己的事情。有一次学校举办活动，要小朋友写上爸爸妈妈的名字，涛涛在登记表上写名字的时候，突然愣了，他忘了爸爸的名字怎么写，因为每天的作业都是妈妈签字的，以至于涛涛写不出爸爸的名字，所以最后干脆没写。

学校举办活动的时候刚好是周六，涛涛的爸爸没有加班，于是跟着妈妈一起来到学校。等到门口报名字的时候，保安说没有这个名字。再三确认之后，依旧是没有。没办法，涛涛妈妈只好和老师联系，老师带着排练中的涛涛从教室出来，把爸爸妈妈带了进去。妈妈问涛涛怎么不写爸爸的名字，涛涛低着头说："爸爸总是不在家，作业本和登记表上只有妈妈的名字，我忘记爸爸的名字怎么写了。"听到儿子的话，涛涛爸爸的心中五味杂陈。

这样的事情听起来似乎是小事，但又确实令人感到辛酸。家庭中父母位置的失衡，让孩子在成长期间感受不到完整的爱。父亲对孩子的教导很多时候是缺位的，等到反应过来该给孩子爱时，发现孩子已经长大，不再和你亲近了。

除此以外，很多家庭会有这样一番言论，"他不会带孩子，能管好自己就不错了。"在家里操心的母亲和勤劳细心的老人这样说父亲们。仿佛在育儿的世界里，根本就没有父亲们的份儿。很多父亲因为长期缺位，让孩子和自己之间缺少共同语言，更不必提如何照顾孩子。事实上，没有人天生就会带孩子，作为父母，带孩子是一门必修课，不管你想学不想学，你都必须要学。而且还必须认真学习，因为考试过于严格，也没有重修的机会。不管父亲是否会带孩子，也要让父亲们去努力做，让父亲回归到自己的位置上去，这样的家庭才称得上是完整的。

现如今，让父亲带孩子真的很难，但是父亲必须要在孩子成长的关键时期对孩子进行呵护。要知道孩子的每一天都在努力成长，现在错过有可能就是永远错过了，父亲不应该是一个局外人。即便是再平凡，都要在匆匆的人生岁月中停留一会儿，或者转一个弯，在前行的路上，在一段走过去就没有回头路的成长路上，父亲需要拿出你人生中的一段时间陪伴孩子成长，帮助孩子度过关键时期。

父亲是"奢侈品"，但是这个"奢侈品"是因为你的能量和你传达给孩子的思想而奢侈，而不是因为你十天半个月抽出的零星时间而珍稀。孩子需要父母的陪伴，在这件事情上，不应只是母亲在行动，父亲更需要行动。

真正的教育就是"拼爹拼妈"

什么是真正的教育，真正的教育是由父母决定的，父母对待孩子的态度决定了孩子要走什么样的路。也许父母对自己的人生不甚满意，却希望孩子能够有精彩的人生。所以这个目标慢慢会成为动力，成为父母教育孩子的动力。

很多父母会抱怨自己的人生，抱怨自己的不如意，抱怨自己的孩子不如别人家的孩子。其实，真正的原因出在父母自己身上，父母的过去，父母的家庭，父母的童年，父母的人生经历和选择，这些都决定了父母的现在。如果有机会选择，很多人会愿意重新开始。虽然父母带来的影响不能完全决定孩子的人生，但是相比之下，好的家庭和父母对孩子一生的积极影响是不能忽视的。有很多人披荆斩棘，然后从底层爬了起来，他们的故事很励志，很让人感动，但是更加感动的是支持他们的父母。

有一个小男孩，小学的时候学习成绩很好，就是太顽皮了，像个猴子一样不安分。上中学的时候早恋，后来参加高考，成绩一塌糊涂。但是他的妈妈没有放弃他，他的父母都是农民，一心想把孩子培养好，所以在学习上，父母认准他能有出息。他们让孩子复读了两年，生活已经是捉襟见肘，父母舍不得用、舍不得穿，日夜操劳，还要借钱，遭到了不少白眼。很多人劝他们不要让孩子读书了，说孩子不是读书的料，还早恋，怎么读得进去，不如趁早让孩子去打工得了。但是妈妈咬牙坚持了下来，后来还专门搬到学校附近陪读。

孩子知道了父母的不容易，第二年用功读书，终于考上了好大学，后来还考上了公费研究生，成了村子里同龄人的第一个研究生，毕业后当了大学老师。那个时候，人们又在感叹，他的父母多么有眼光。孩子也成了村子里其他学生的榜样，许多父母也看到了自己孩子身上的希望。后来，孩子把老年痴呆的母亲接到身边照顾，又很让人感动，成为佳话。孩子自己也说过："如果当年父母对他放手，他那副手不能提、肩不能挑的小身板，真的不知道能拼出什么名堂来。"

案例中的孩子能够走到今天，很大原因是父母的见识和态度的影响，因为父母的坚持，孩子能够继续上学，他才有机会改变自己的命运。家庭所传递的思想是十分重要的，父母对生活的向往和自信，是孩子成长中必需的养分。好的教育，必然会有一个好的父母，孩子最终能够走向一条什么路，其实就是看父母。这里的拼父母，绝不是说拼父母的金钱、荣誉和社会地位，而是拼父母的见识和观念。父母的观念决定了父母的行为，父母的层次决定了你的眼界，而父母的行为和眼界决定了孩子将走在哪条路上，会接受什么样的教育，然后成为什么样的人，做出什么样的成就。

孩子会成为一个怎样的人，父母的教育方式会起到决定性的作用。父母思想观念的不同，会让孩子走向不同的人生轨迹。好的父母必然会陪着孩子成长，在孩子受挫的时候为孩子提供帮助，施以援手。孩子犯错的时候，会纠正孩子的行为，帮助他改正。在扶持中逐渐长大，孩子会有自己的价值观，之后便是自己的成长。父母为孩子从小定下的规则，会为孩子的成长之路保驾护航。

一位司机半路拉了一个客人，本想按时送达，没有想到路上堵车了，十几分钟后，司机回头有些抱歉地对着后座的乘客说："先生，能不能送您到前面的地铁口，您自己搭车过去，应该会快一点。"后座的乘客有些疑惑，但还是说："没关系，等车也会计价的，不要着急。"司机赶忙解释："不是这个问题，我送您到前面，车费全免了，因为我还有事情。"后座的先生很诧异，司机解释他要回家和孩子过生日，因为之前答应要陪孩子一起吹蜡烛。

后座的乘客笑了："你是一个好爸爸，到前面下车吧。车费我会照付的。"之后他们还闲聊了几句，司机说干这个行业很辛苦，很少有时间陪孩子，但他总是趁着交班休息的时候回家去陪陪孩子。

这是一位好父亲，因为他注重和孩子相处，不想让孩子在成长的路上缺失自己的陪伴。出租车司机很忙，几个小时的休息时间对他们来说很重要，但是这位父亲总是利用这几个小时回家陪伴自己的孩子。有多少父母就输在了那几个小时上，不是因为穷，也不是因为太忙，而是根本就没有这个心思，没有想方设法地参与到孩子的成长中去。

回到现实中来，我们不能否认不同的家庭环境、不同的家庭条件对孩子的成长有着巨大的影响。我们无法改变出身，无法回到过去的那些人生的关口上重新选择，但是作为父母，无论条件多么不如意，都要努力生活得更好，努力给孩子更好的成长条件，这样孩子才会拥有更多的机会。

真正的教育实际上就是"拼爹拼妈"，拼的是父母对孩子倾注的心血。父母需要给孩子的陪伴，是喜悦时的分享，是失落时的鼓励，是生活方式的影响，是为人处世的榜样力量，是一个灵魂对另外一个灵魂的唤醒，是一个生命对另外一个生命的守护。